Brûlée à l'acide

NAZIRAN

Avec Célia Mercier

Brûlée à l'acide

TÉMOIGNAGE

J'AI LU

Préface

Pakistan, Islamabad, aux portes de la ville jardin, centre de réhabilitation d'Acid Survivors Foundation (ASF) : dans un bureau de 20 m^2 à la décoration couleur de braise, sur une étagère en bois noir, repose le dossier numéro 1210708A...

Derrière ces chiffres, ces feuilles de papier et quatre ou cinq photos, se cache l'une des pires formes de violence qui puisse être infligée à un être humain : le vitriolage, plus communément nommé « attaque à l'acide ». Quelques gouttes, une bouteille, parfois des litres de produit corrosif lancés au visage ou à la tête de quelqu'un et un terrible processus s'enclenche. L'acide va progressivement, vicieusement, profondément brûler la peau, pénétrer les tissus, parfois même atteindre les os. Résultat ? La victime, généralement une femme ou une jeune fille victime de violence domestique ou ayant refusé un mariage ou des avances, est défigurée, ses membres sont déformés, contractés voire détruits, et l'acide atteignant les yeux peut également rendre aveugle. Outre l'ineffable souffrance physique qui accompagne les contractures, la chirurgie réparatrice et esthétique, la physiothérapie, les victimes vont connaître une réelle torture morale et sociale : du jour au lendemain, les voilà rejetées de leur communauté, montrées du doigt telle une bête sauvage. Les dépressions, les tendances suicidaires sont fréquentes, et l'incroyable défi se dessine alors : comment repenser, reconstruire sa vie lorsqu'on est perçu comme un monstre vivant ? Comment réaliser qu'au fond on a jamais cessé d'exister ? Comment redevenir femme à part entière, citoyenne autonome et respectée, consciente de ses droits, de ses devoirs, et capable de les défendre ?

Ces questions, Naziran a tenté d'y répondre, et ce sont ces interrogations salvatrices, cet extraordinaire cheminement intérieur et personnel que nous fait partager ce livre.

Enfin, ces lignes nous racontent également un combat unique qui nous dépasse, nous révolte, nous émeut, nous inspire, mais qui nous amène aussi à réfléchir sur ce que nous sommes, sur notre action en tant qu'animal politique et social : quand j'ai rencontré Naziran, elle oscillait entre la vie et la mort ; sa lutte, ses victoires, ses chagrins, ses peurs, ses progrès de tous les jours et l'élaboration de son projet de vie ont été l'occasion d'observer le monde, les autres et de m'observer moi-même via une nouvelle grille de lecture : ma vision du bonheur et de la justice ne ressemble pas toujours à celle de Naziran, mais cette dernière m'a rappelé que je ne savais pas tout, pas mieux, que j'avais encore tant à apprendre, à faire...

L'action de Naziran, c'est donc avant tout un hymne à la liberté, à l'humilité et à la tolérance. Mais si Naziran incarne désormais l'Espoir, elle rappelle aussi que le chemin vers un monde sans attaque à l'acide est encore loin : le vitriolage ne connaît en effet, à ce jour, aucune frontière géographique, culturelle, linguistique ou religieuse, il existait au XIXe siècle en Europe, et sévit aujourd'hui en Ouganda, en Éthiopie, en Zambie, au Yémen, en Afrique du Sud, en Colombie, au Bangladesh, au Pakistan, en Inde, au Cambodge, au Népal, au Japon, en Malaisie, au Royaume-Uni et en Bulgarie. À l'exception du Bangladesh, le phénomène s'étend. Il est donc essentiel d'œuvrer ensemble pour mettre fin à l'une des pires formes de violation des droits de l'homme qui puisse exister.

Au Pakistan, ASF – en coopération avec le gouvernement pakistanais, les activistes et les communautés locales, UNIFEM, UNDP, DIFD, UNOPS, ASTI, Français du Monde et les survivants des attaques à l'acide dont Naziran – est en train de faire proposer une loi au parlement fédéral et aux assemblées provinciales pour que la vente de l'acide soit contrôlée, régulée, que les coupables soient sévèrement punis et que les survivants des attaques bénéficient gratuitement de soins médicaux et de programmes de réinsertion adéquats : cette loi que chacun espère, nous la dédirons à Naziran, aux Pakistanais, et à toutes les autres victimes du vitriolage…

Valérie Khan
Présidente d'Acid Survivors Foundation
www.acidsurvivorspakistan.org

Prologue

« Entrez, elle est ici. » J'ai un peu d'appréhension en pénétrant dans la chambre. Nous sommes dans les locaux d'Acid Survivors Foundation à Islamabad, une ONG qui soigne et réhabilite les victimes de l'acide. On m'a prévenue. Naziran, la jeune femme qui m'attend souffre de brûlures épouvantables.

J'ai réalisé plusieurs reportages sur ces femmes défigurées, brûlées à l'acide ou au kérosène, j'ai vu ces visages aux traits fondus et difformes, ces corps martyrisés, à l'agonie sur des lits d'hôpitaux crasseux au milieu des mouches. Sans jamais m'y habituer.

Je m'étais promis de ne pas me laisser impressionner, je ne voulais pas que cette jeune femme sente ma gêne. Je m'étais préparée. Pourtant devant cette femme sans visage, j'ai réprimé un mouvement d'effroi. L'atroce violence subie se lisait sur ses traits. Une violence inouïe, abjecte et irréversible. Ses yeux, son nez et ses lèvres avaient disparu. Son visage n'existe plus. Le choc initial dissipé, je lui ai serré la main et je me suis assise près d'elle. Naziran voulait raconter son histoire et je devais l'aider. Avec ma traductrice, nous avons ainsi passé plusieurs semaines à l'écouter, l'interroger et à la réconforter lorsque les larmes se mettaient à rouler sur ses joues. Au fil des jours, se dessinait la vie sidérante de cette petite paysanne d'un village perdu du Pendjab. J'ai découvert la jeune femme pétillante et sensible qui vivait derrière ce masque de chair suppliciée. Elle revenait de loin, de si loin... Naziran, survivante de l'enfer.

J'ai parcouru la région où elle est née, sillonné de pistes étroites et de petits villages. Dans cette contrée agricole où poussent les mangues, le coton et la canne à sucre, plane encore l'esprit des soufis. C'est une terre qui abrite de nombreux mausolées sacrés où sont enterrés des mystiques venus d'Asie centrale et d'Iran. Considérés comme des saints, ces hommes ont converti la population locale à l'Islam par la musique et la poésie. Aujourd'hui, même si le culte des saints perdure, cette région appauvrie et délaissée est devenu un vivier de recrutement pour les groupes fanatiques qui envoient une jeunesse sans avenir faire le djihad. Les groupuscules sectaires, qui prônent la haine de la minorité chiite, y ont leurs fiefs. C'est aussi une région féodale, où règnent de grands propriétaires terriens. Ces derniers maintiennent les paysans dans une condition moyenâgeuse et une ignorance crasse. Moins les villageois sont éduqués, plus ils sont exploitables. Dans cette région, la violence, nourrie par la pauvreté et l'illettrisme, est une norme quotidienne. Ici se concentrent tous les problèmes sociaux du pays : les viols, les mariages d'enfants, la violence domestique. Dans ce contexte patriarcal, les femmes sont une main-d'œuvre soumise et corvéable qui récolte le coton, coupent la canne à sucre, traient les animaux, élèvent leurs nombreux enfants et s'occupent de leurs foyers. Et sur ces terres, les crimes sont fréquents. Pour punir une famille, on viole, on tue ou on brûle les femmes...

Depuis dix ans, une nouvelle arme fait des ravages : l'acide. Dans cette province très agricole, les canaux d'irrigation, legs de l'empire britannique, ont permis le développement de la culture du coton. L'acide y est utilisé au printemps pour nettoyer les graines de coton avant les semis. Le liquide fatal est disponible à un prix très bas (40 roupies soit environ 40 centimes d'euros) dans la plupart des échoppes. L'acide est aussi fréquemment utilisé pour déboucher les égouts, laver les machines agricoles, les salles de bain. L'acide est un produit facile à se procurer, peu cher, dont la vente n'est pas contrôlée. C'est donc une arme à la portée de tous. Une arme implacable qui détruit dans son sillage des dizaines de vies. Il suffit d'un flacon pour créer des ravages... Cette forme de violence sadique vise à détruire la victime au plus profond d'elle-même. Celle-ci survit généralement à ses blessures dans des souffrances innommables et reste défigurée à vie.

Ces dernières années, le nombre d'attaques à l'acide est en constante augmentation. En 2007, trente agressions à l'acide ont été répertoriées par Acid Survivors Foundation. En 2009, l'ONG en recensait quarante-huit. Mais le nombre réel d'attaque est estimé à plus de cent cinquante, toutes les victimes n'osent pas porter plainte et certaines meurent sans laisser de traces. Les victimes sont généralement des femmes jeunes, peu éduquées et de milieu pauvre. Une minorité (25 %) sont des hommes, attaqués à la suite de disputes familiales, de jalousie, de rivalité commerciale… L'agresseur est presque toujours un homme, de milieu pauvre. Les enfants blessés par des jets d'acide sont essentiellement des dommages collatéraux.

Les motifs sont de deux sortes : Économique et sexuel. Économique car il peut s'agir d'un règlement de compte lié à une dispute autour d'une propriété, de champs, des affaires d'héritage. Dans cette région agricole, la terre est la chair et le sang d'une famille. Lorsque deux hommes se disputent un terrain, l'un des deux peut vitrioler la femme ou la fille de l'autre pour se venger. En punissant la femme, on punit la famille. Il y a également le problème de la dot : une belle-famille peut se venger sur une jeune épouse qui n'a pas apporté la dot escomptée. Ou bien sur une veuve qui refuse d'abandonner son patrimoine. Sexuel dans le cas d'une femme, d'une adolescente qui a refusé des avances ou une demande en mariage. Le prétendant se sent offensé. Il veut la punir de telle sorte qu'elle ne pourra jamais appartenir à un autre. Il y a aussi les crimes passionnels, les jalousies, les disputes de couple… Et puis ce qu'on appelle le « crime d'honneur ». Le mari ou la famille se considère déshonoré par une femme et la punit.

Les conséquences physiques sont irréversibles. Les parties du corps les plus touchées sont le visage, symbole de la beauté et de la féminité, ainsi que le buste, les épaules, la poitrine et le dos, et parfois les parties génitales. Le taux de survie des victimes de l'acide est élevé mais les dégâts causés par leurs blessures sont désastreux, car l'acide dissout la peau et même les os qui se fondent ensemble. Le poison reste un temps dans l'organisme et continue à dégorger. Il est donc difficile de prévoir l'étendue des dommages. Pendant la convalescence, la peau gondole, elle doit être hydratée en permanence et compressée. Les brûlures finissent par guérir mais les cicatrices se contractent, elles évoluent et peuvent empirer avec le temps. Des séances de kinésithérapie sont indispensables sinon un handicap permanent s'installe. Plus le patient est traité rapidement, meilleurs sont les résultats. Les traitements sont très longs, un patient brûlé à l'acide nécessite une vingtaine d'opérations en moyenne. Elles sont espacées car il faut faire des séances de kinésithérapie entre chaque chirurgie. La première étape, c'est l'excision de la peau brûlée, puis viennent les greffes. Et enfin la chirurgie réparatrice : il faut reconstruire la bouche, le cartilage du nez, les oreilles, relâcher des contractures, implanter des cheveux. Les conséquences psychologiques sont évidemment dramatiques. Les victimes sont profondément traumatisées, traversent des épisodes dépressifs avec parfois, des tendances suicidaires.

Dans les villages, les victimes sont parfois rejetées par leur communauté qui considère qu'elles sont responsables de ce qui leur est arrivé. Elles deviennent un fardeau pour leur famille. Certaines passeront le reste de leurs vies recluses dans leur foyer, trop honteuses de leur aspect pour oser. D'autres sont envoyées mendier sur le bord des routes, exhibées comme des bêtes de foire pour ramener de l'argent.

Les patients soignés par Acid Survivors Foundation entament un long processus de réhabilitation. Ils doivent apprendre à gérer le regard des autres et développer des compétences pour s'en sortir. Il y a des phases de découragement, mais une fois que la personne a envisagé un projet de vie, elle se bat pour le construire. Cela peut être un retour dans la famille, reprendre des études, apprendre un nouveau métier : Navid veut être éducateur spécialisé, Nassim est nounou, Mai a son troupeau de vaches et vit avec ses enfants. Zafar veut apprendre la danse et la musique. Sahida fait de la couture à domicile. Naila a pris des cours par correspondances pour devenir médecin.

Longtemps, l'impunité et la loi du silence ont régné. Une victime pauvre, vulnérable et traumatisée, n'est pas en état de se défendre. Pour porter plainte, il faut déjà payer un bakchich aux policiers. Mais si l'agresseur les paie plus grassement, la plainte risque de ne jamais aboutir. Lorsque l'affaire suit son cours malgré tout, les agresseurs peuvent aussi corrompre les juges. Ils sont alors libérés en échange de simples compensations financières. Certains écopent malgré tout de courtes peines de prison. Parfois, lorsque les agresseurs sont des membres de la famille, ils font eux-mêmes de fausses déclarations à la police à la place de la victime agonisante sur son lit d'hôpital. Depuis 2002, une nouvelle loi permet toutefois aux docteurs d'enregistrer directement la déclaration d'un patient, mais ces derniers n'ont souvent pas envie d'aller au procès et préfèrent se tenir éloignés de ces disputes familiales. Depuis 2009, les choses bougent pourtant. Avec la médiatisation, la population prend conscience de l'horreur de ces crimes. Les journalistes suivent ces affaires et dénoncent ces pratiques. Le nouveau président de la cour suprême du Pakistan, Iftikhar Chaudhry, se présente officiellement comme un défenseur des droits de l'Homme. On peut donc espérer un changement de mentalité au sommet du système judiciaire. Un jugement historique dans une affaire d'attaque à l'acide a ainsi été rendu en 2009. L'un des agresseurs avait été libéré par un tribunal après avoir corrompu le juge. La cour suprême, saisie de l'affaire, l'a finalement condamné à une peine de douze ans de prison et à une compensation de 1,2 million de roupies. Le président de la cour suprême a réclamé dans la foulée un changement législatif avec une régulation de la vente et de l'utilisation de l'acide, et une punition plus sévère des agresseurs...

Un projet de loi a été bouclé ces derniers mois. Sera-t-il voté un jour ? Un autre projet de loi très ambitieux sur la violence domestique et la protection des femmes est toujours en souffrance depuis un an, bloqué par des islamistes qui redoutent l'émancipation des femmes.

Célia Mercier

Introduction

Je sens quelqu'un qui m'attrape le bras sans ménagement. C'est une vieille femme, je crois. Elle a une voix stridente, désagréable. Elle me dit que cela ne va pas être douloureux, que ça ne va durer que quelques secondes. Je flotte dans un brouillard opaque, une nuit de douleur. J'essaie de me débattre mais je n'arrive pas à bouger. Je voudrais lui dire de me laisser tranquille. Un gémissement rauque sort de ma gorge. La femme insiste, maintient mon bras fermement. Mes doigts se tordent, se crispent, je tente de la repousser… Je n'en ai pas la force. Ma main n'obéit pas. Elle retombe, trop faible. Je sens une aiguille pénétrer dans mon bras, trouer la peau, rentrer dans la veine. Je voudrais arracher cette pointe de métal. Mais la piqûre est déjà finie. Ma douleur s'estompe peu à peu. Je sombre dans un trou noir, je me noie.

Je me réveille, la douleur est revenue. Une odeur insoutenable de brûlé mêlée à des effluves de détergent me donne la nausée. Un liquide acide remonte dans mon estomac. J'ai encore envie de vomir, mais je n'y arrive pas. Ma gorge brûle. Mon visage est en feu, je sens la peau à vif. Tout est noir, pourtant je sais que ce n'est pas la nuit. J'entends du bruit autour de moi. Un lit en ferraille qui roule et se cogne contre un mur. Des pas précipités, des gémissements de femme. Puis une voix qui chuchote. Des murmures indistincts. Quelqu'un rentre dans la pièce et manipule un objet en métal. Une nouvelle aiguille dans mon bras. Je m'effondre à nouveau.

Un hurlement me réveille. C'est ma sœur Farah[1]. Elle est terrifiée. Elle se lamente tout haut. Elle crie qu'on a tué sa sœur. D'autres voix encore. Celle plus grave de mon frère Salim. Il essaie de réconforter ma sœur. Je reconnais aussi maman qui sanglote. Que s'est-il passé ? Je me souviens de la nuit, je dormais. Et soudain un liquide brûlant sur mon visage... Je flotte dans mon brouillard nauséeux. Je me sens partir. Des bruits de pas. Ma famille s'éloigne, ils s'en vont, ils me laissent ici toute seule. Dans le noir.

Je suis dans un demi-sommeil, je meurs de soif. Ma gorge est desséchée comme du carton, comme le désert du Thar. Je rêve d'une pluie de mousson, des trombes d'eau soudaines qui me rafraîchiraient, qui m'emporteraient avec elles vers la rivière Chenab. Le courant m'emmène à la dérive. Je sursaute. C'est la voix de Fawad, mon mari. Un timbre pourtant familier qui me glace tout à coup. Je tremble de l'entendre si près de moi. Comme une menace diffuse, un danger que je n'arrive pas à nommer. C'est bien Fawad. Il discute avec un homme inconnu. Ils pensent que je dors, que je

1. Dans un souci de respect de la vie privée, les noms ont été changés.

n'entends rien. Ils parlent de moi comme d'une absente.

— Est-ce qu'elle va survivre, docteur *sahab* ?

— Elle est brûlée à 70 %. Les plaies se sont infectées. À mon avis, dans deux ou trois jours, elle sera morte.

1

Vingt ans plus tôt, dans un village du sud du Pendjab…

L'électricité a encore sauté. La petite ampoule de la chambre pend nue, inutile, suspendue à un fil qui émerge du plafond. La pièce est plongée dans l'obscurité. Maman se lève pour ouvrir la porte. Les dernières lueurs du jour peinent à éclairer la chambre en ciment gris. On distingue à peine les taches de graisse et les fissures sur les murs.

Ma mère s'appelle Nargis, c'est une petite femme humble et menue. Elle semble fragile ; pourtant, son corps est robuste comme celui de toutes les paysannes de la région. Même si elle n'est pas si vieille, ses cheveux blanchissent déjà. Elle les teint tous les mois avec du henné, ce qui leur donne des beaux reflets roux. Ses yeux noirs pétillent et sa narine droite est ornée d'une jolie boucle dorée.

Maman peste contre ces coupures de courant qui surviennent toujours à l'improviste. Elle trouve qu'il n'y a pas assez de lumière. Elle enflamme avec de grosses allumettes la vieille bougie collée à l'étagère. La cire noirâtre crépite et fume. Maman se rassoit sur son vieux *tcharpoï*, un lit de cordes à la peinture écaillée. Dans notre langue, « tcharpoï » signifie « 4 pieds ».

Comme tous les soirs, maman remonte le bas de son pantalon bouffant jusqu'au-dessus de ses genoux. Elle se masse soigneusement les jambes avec de l'huile de moutarde en les frottant de ses mains rugueuses. Le liquide, conservé dans un flacon en plastique que maman garde précieusement dans son coffre, est épais, visqueux, d'un jaune profond. Maman n'en prend qu'une noisette pour chaque jambe parce que cette huile coûte cher. Le parfum entêtant se mêle à l'odeur de la cire. Maman soupire, ses jambes sont toutes maigres et sèches, striées de petites veines bleues. Elles lui font mal, depuis longtemps. Maman travaille trop.

Moi, je suis assise par terre, à côté d'elle, sur le sol en terre battue. Je suis une toute petite fille et je joue avec ma grande sœur Farah. Elle a déballé ses bracelets, des trésors gardés dans une petite boîte en carton. Ce sont des *bangles*, des bracelets en verre très fin, qui s'enfilent par dizaines autour des poignets. C'est une de nos cousines qui les lui a offerts. Elle en avait reçu en quantité pour son mariage. Les *bangles* ont des reflets multicolores, ils brillent et tintent quand Farah se lève pour aller prendre sa brosse. Ma grande sœur me demande de coiffer ses longs cheveux noirs qui descendent jusqu'à la taille. Je vais les tresser dans une grande natte en tissu ornée de rubans dorés.

Soudain, le portail en fer de la maison claque, les murs tremblent. Papa entre dans la pièce en trombe. Il a l'air furieux. Il hurle des insanités. Il dit que maman est une mauvaise femme, qu'il la déteste. Maman le regarde, surprise par cette intrusion. Elle, elle ne l'a pas entendu arriver. Elle voit juste ses yeux injectés de sang et sa bouche déformée par la rage. Papa se rue sur elle, il lui arrache son voile et la traîne à terre par les cheveux. Il lui serre la gorge de toutes ses forces. Quand maman ouvre la bouche pour protester, papa se déchaîne et la frappe à grands coups de sandale. Maman hurle, supplie encore. La main repart à la volée. Je suis recroquevillée avec Farah dans un coin de la chambre. Je n'arrive même pas à pleurer. Je tremble de tout mon corps. Mon tour va peut-être venir après. Mais papa ne s'occupe pas de nous, les fillettes blotties contre le mur. Il ne nous a même pas regardées.

Farah et moi en profitons pour nous glisser comme des petites souris hors de la maison. Ma sœur me serre la main si fort qu'elle me fait mal. Mes jambes flageolent. Nous courons jusqu'au portail. Les cris me poursuivent. Je me bouche les oreilles. Je ne veux pas penser, je ne veux plus rien entendre. Mais les hurlements de maman résonnent dans ma tête. Mes vieilles sandales se tordent, je me précipite dans la rue.

Je ne vois pas la moto qui surgit à vive allure, tous phares éteints. Farah me tire brusquement en arrière. Ses bracelets se brisent et tombent dans la rue. La moto s'éloigne dans un nuage de poussière. Farah se penche pour ramasser ses *bangles*, mais il n'y a plus que des petits morceaux épars qui brillent dans la boue. Je reprends mon souffle, un sanglot coincé dans la gorge.

Nous abandonnons les petites pépites de verre sur le sol et nous marchons, sans parler, jusqu'à la maison de Zaira, dans une rue adjacente. Zaira, c'est une voisine, une amie de maman. C'est chez elle que nous nous réfugions quand papa vient battre notre mère. Ici, on n'entend plus les cris. Seuls des voix aiguës d'enfants résonnent dans la maison. J'entre dans la petite cour avec Farah.

— Hé, bonjour Naziran ! Tu viens jouer avec moi ?

C'est Rima, l'une des filles de Zaira, qui nous accueille. Elle a à peu près le même âge que moi. C'est une fillette malingre avec de grands yeux en amande et des cheveux en broussaille qui ne sont jamais peignés. J'ai les larmes aux yeux mais je me force à sourire. Zaira sort de sa maison les bras chargés de linge. Elle voit tout de suite à notre air effrayé que quelque chose ne va pas. Elle m'interroge :

— C'est encore votre père, c'est ça ?

J'ai trop honte. Je sais qu'il ne faut pas parler de nos problèmes. Cela doit rester secret, m'a expliqué Farah. Mais Zaira sait ce qui se passe chez nous. À plusieurs reprises, je l'ai vue réconforter maman qui pleurait. Elle me fixe de ses grands yeux noirs :

— Alors, dis-moi ! Ton père est chez vous ?

— Oui, il est à la maison…

— Mon Dieu, pauvre Nargis… Vous pouvez dormir ici les filles, si vous voulez…

Je remercie Zaira. Sa fille Rima me sourit, elle est très affairée avec son nouveau jouet, une poupée en plastique avec des cheveux blonds en nylon. Elle lui a fabriqué une robe de mariée avec un bout d'étoffe rouge entouré d'un élastique. C'est son père qui la lui a achetée le mois dernier pour l'Aïd, la grande fête musulmane qui clôture le ramadan.

J'ai vu les mêmes au bazar chez le marchand de jouets et d'habits pour enfants. Les petites poupées sont suspendues à l'entrée de son échoppe dans des sachets en plastique. Elles ont des bras et des jambes qu'on peut bouger. Chaque fois que je passe devant, je m'arrête et je les regarde. Au bout d'un moment, le marchand, un vieil homme coiffé d'un grand turban, m'ordonne de déguerpir avec une grosse voix.

Rima se lève et me tend sa poupée.

— Regarde Naziran, je lui ai fabriqué un *doupatta,* un voile !

Je m'assieds près d'elle en m'emparant du jouet. Je l'envie, ma voisine. Je suis même terriblement jalouse. Mon père ne vient à la maison que pour frapper maman, jamais pour nous offrir des jouets ! Pourquoi ne nous aime-t-il pas ?

Je sursaute en voyant maman entrer dans la cour. Elle a les cheveux en bataille, les yeux rouges et le haut de sa tunique est déchiré. Farah se jette dans ses bras. Moi je me blottis contre elle, comme un bébé. Je fonds en larmes. Maman m'embrasse le visage, me caresse les cheveux. Elle veut nous ramener à la maison. Me tire par le bras. Mais je refuse de l'accompagner. Je ne veux pas rentrer, je suis terrifiée. J'ai peur que papa soit encore là. Je repousse ma mère, je trépigne, je pleure. C'est Zaira qui doit me calmer pour que j'accepte de suivre maman. « Papa est parti. Ça va aller. » Maman, elle, m'explique avec des gestes que je ne dois pas m'inquiéter.

Maman ne peut pas parler ; elle n'a jamais pu. J'ai compris très tôt qu'elle n'était pas comme tout le monde. Elle n'entend pas quand on l'appelle, elle ne sursaute jamais quand quelque chose tombe par terre. Maman ne prononce pas de mots. Il y a seulement des sons étranges qui sortent de sa bouche. Mais elle sait très bien s'exprimer, elle se fait comprendre de tout le monde avec ses mains et son visage, elle mime, elle grimace, elle gesticule. Elle parvient même à lire sur les lèvres. Nous, ses enfants, nous l'appelons « Gongui Ma », Maman Sourde.

Maman est sourde depuis qu'elle est toute petite. Ma grand-mère m'a raconté son histoire plusieurs fois. Il paraît qu'un jour, quand maman avait environ 3 ans, elle est partie jouer dehors avec une de ses sœurs, près de sa maison dans le village de Taal. Dans un terrain désert, au milieu de bosquets desséchés, il y avait un très vieil arbre au tronc noueux et aux branches toutes tordues. C'était un arbre hanté. Tellement ancien qu'il avait des pouvoirs. Les gens du coin racontaient que l'arbre provoquait des fausses couches chez les femmes enceintes et rendait folles les jeunes filles. Les parents interdisaient à leurs enfants de jouer à proximité. Mais ma mère était petite, elle n'en faisait qu'à sa tête. Avec sa sœur Saadia, elles sont allées se promener sous l'arbre hanté, sans le dire à leurs parents. Quand elles sont rentrées chez elles, les deux fillettes étaient devenues sourdes. À cause de l'arbre maléfique.

Depuis maman ne parle plus. Cela a causé beaucoup de soucis à mes grands-parents. Quand Nargis a dépassé l'âge de 14 ans, ma grand-mère désespérait de la marier. Mes grands-parents étaient pauvres, ils possédaient juste un petit troupeau de chèvres efflanquées et de moutons faméliques pour faire vivre toute la famille, leurs cinq filles et leurs trois garçons. Non seulement mes grands-parents ne pouvaient pas offrir une dot correcte à maman pour son mariage, mais surtout, qui voudrait d'une épouse sourde et muette ? Ma mère avait déjà été refusée par une douzaine de familles.

Dans notre région, une fille est un fardeau pour ses parents, une bouche inutile. Elle ne rapporte pas d'argent. Plus tard, ce n'est pas elle qui prendra en charge ses parents devenus vieux, ce sont les fils. Il faut donc la marier le plus tôt possible afin d'en être débarrassé. Alors mes grands-parents étaient prêts à donner maman au premier venu. Seuls des veufs et des hommes d'âge mûr libidineux pouvaient être intéressés par une telle épouse, sourde comme un pot. À force de recherches désespérées, mon grand-père a fini par trouver un prétendant. C'était un barbier dénommé Fawad, âgé d'une cinquantaine d'années. Il n'avait jamais été marié. Il vivait chichement de son métier et possédait quelques terres cultivées. Quand Fawad a accepté ce mariage, ça a été un soulagement pour toute la famille.

Maman est partie vivre chez lui. Elle nous assure qu'elle était heureuse avec cet homme, même s'ils avaient à peine de quoi manger. Fawad s'occupait bien d'elle et la respectait. Ils ont eu deux garçons ensemble, mes demi-frères Arif et Tahir qui sont adultes maintenant. Un beau jour pourtant, Fawad le barbier est tombé malade. Il est mort au bout de quelques semaines. Maman s'est retrouvée seule avec ses enfants. Elle devait avoir environ 25 ans.

C'est alors que ses ennuis ont commencé. Après la mort de Fawad, ma mère avait hérité de son petit bout de terrain. Or, sa belle-mère, une paysanne accrochée à sa terre, voulait que ces propriétés restent dans sa famille. Elle souhaitait aussi garder sous la main les deux fils de maman, Arif et Tahir. Les enfants mâles sont un bien précieux. La vieille femme a donc trouvé une solution : elle a exigé que maman se remarie avec Murtaza, le frère cadet de Fawad. C'était un homme bien plus âgé que maman. Il avait des cheveux poivre et sel et une moustache teinte au henné. Et puis il n'avait pas très bonne réputation, on le disait violent et fourbe. C'est peu de dire que maman n'était pas vraiment enthousiaste à l'idée de ce mariage…

Murtaza non plus ne voulait pas épouser maman. Une veuve handicapée, vous parlez d'un cadeau… Il a suggéré à ses parents de la renvoyer dans sa famille et de lui voler ses terres. Les parents de Murtaza ont refusé, il fallait faire les choses dans les règles sinon les voisins allaient médire. Ils ont obligé leur fils cadet à se marier avec maman. Ma mère, elle, était affligée, mais elle n'a pas eu le choix. C'est une femme douce et gentille. Elle ne voulait pas fâcher sa belle-mère, alors elle a fini par accepter. C'est comme cela que maman a épousé mon père. Après le mariage, Murtaza a récupéré les maigres champs de Fawad. Il a gardé le profit qu'il tirait des récoltes pour lui. Gongui Ma n'a rien dit ; elle n'avait rien à dire, de toute façon.

Le problème, c'est que Murtaza était déjà marié. Avec sa première femme Zubieda, il avait déjà neuf filles et deux garçons. Zubieda était encore une très belle femme, bien plus belle que ma mère. Elle était un peu fanée par sa vie rude et ses nombreuses grossesses lui avaient laissé un gros ventre flasque. Mais elle était haute et solide, elle avait de grands yeux sombres et d'épais cheveux bruns. Quand Murtaza a épousé Gongui Ma, Zubieda était très jalouse de voir arriver une rivale, bien plus jeune et plus fraîche qu'elle malgré son infirmité. Zubieda avait peur que maman lui vole l'amour de son mari.

Il est vrai qu'au début papa était content de profiter du corps d'une jeune femme. Il a eu cinq enfants avec Gongui Ma, mes deux sœurs aînées, Mariam et Saima, qui sont déjà mariées, mon frère Salim, ma sœur Farah, et puis moi, Naziran, la petite dernière. Je ne sais pas précisément l'âge exact de mes frères et sœurs, ni le mien d'ailleurs. Personne ne connaît vraiment sa date de naissance dans les campagnes, on ne fait pas de certificat. Comme dit l'un de mes oncles, « c'est Allah seul qui connaît le jour où nous allons naître et le jour où nous allons mourir, c'est lui qui décide ».

J'ai appris que Gongui Ma avait aussi eu une autre fille, ma grande sœur Shazia que je n'ai jamais connue. À l'âge de 4 ans, elle est tombée malade de la typhoïde. Il n'y avait pas de dispensaire dans le village, il fallait emmener l'enfant à la ville pour consulter un docteur. Mon père était très pauvre, il ne voulait pas y passer toutes ses économies ou emprunter à ses voisins afin de payer un traitement, surtout pour une fille. Ma grande sœur est morte faute de soins. C'était le sort de beaucoup de petits enfants dans ce village. Les femmes devaient faire beaucoup de bébés car ils ne survivaient pas tous.

À cette époque, dans notre village, les adultes non plus ne vivaient pas très vieux. Beaucoup de femmes enceintes mouraient en couches. Gongui Ma, elle, a survécu à ses grossesses. Elle accouchait à la maison avec l'aide d'une *daï*, une sage-femme traditionnelle. En tout cas, le plus important pour elle, c'était d'avoir un fils de Murtaza. Elle n'en a eu qu'un. Il est donc cajolé par toutes ses sœurs. Mon frère Salim est l'homme de la maison, il doit nous protéger, nous, les filles. C'est un garçon malin et espiègle, il a des yeux brillants bordés de grands cils. Je m'entends bien avec Salim, c'est aussi mon préféré dans ma famille. Je sais qu'il m'aime beaucoup, même s'il préfère jouer avec les garçons du village.

Après son mariage avec Gongui Ma, mon père est resté vivre avec sa première épouse et leurs enfants. Maman, ma sœur, mon frère et moi vivons dans une autre maison, à une centaine de mètres de chez Zubieda. Nous avons trois pièces exiguës au sol de brique, alignées les unes contre les autres, qui donnent sur une cour en terre battue entourée d'un mur. Dans un coin de la cour, une cabane en tôle abrite les toilettes. C'est un trou creusé dans le sol sur lequel on doit s'accroupir en relevant bien son voile, quand on est une fille, pour ne pas qu'il traîne à terre. Il y a aussi un petit robinet d'eau dans ces toilettes.

Pour se laver, on remplit une cuvette et on s'asperge d'eau avec un pot en plastique. Dans la cour, il y a un endroit pour faire le feu, c'est là que nous cuisinons. Et aussi un petit arbre qui nous donne de l'ombre pendant l'été. Nous avons l'électricité, quand il y a du courant. Dans la chambre de maman, il y a une ampoule, une prise pour le ventilateur et une autre pour la radio. On peut dire que nous vivons heureux dans notre petite maison, tout du moins quand ma belle-mère n'est pas dans les parages.

Car ces derniers temps, ma belle-mère Zubieda ne supporte plus que Murtaza vienne nous rendre visite. Elle est très intelligente et manipulatrice, alors elle crée tout le temps des histoires. Elle dénigre maman sans arrêt dans l'espoir que papa la prenne en grippe. Zubieda nous méprise. Elle pense que nous sommes des moins-que-rien, des parasites. Dès qu'elle passe le pas de notre porte, je sais qu'il va y avoir une dispute.

Il y a deux jours, Zubieda est venue fureter chez nous. Elle cherchait un prétexte pour nous empoisonner la vie. En entrant dans notre cour, elle a aperçu maman qui lavait des vêtements. Elle s'est approchée d'elle et elle a reconnu les tuniques de Murtaza dans la bassine. Zubieda s'est mise dans une rage folle. Elle a hurlé :

— De quel droit tu laves les habits de mon mari ? Tu veux l'impressionner ? Tu espères qu'il va venir vivre avec toi et m'abandonner ?

Maman a fondu en larmes. Elle ne savait pas quoi répondre. Son embarras a encouragé Zubieda, qui a poursuivi ses tirades, prenant à partie les voisins. Je me souviens qu'elle glapissait :

— Tu n'es que la veuve de mon beau-frère, et tu veux me voler mon mari ? Je t'interdis de laver ses habits !

Mon père est arrivé à ce moment-là. Dès qu'elle l'a aperçu, Zubieda a joué sa comédie habituelle. Elle a fondu en larmes et pointé Gongui Ma en hoquetant :

— Regarde cette chienne ! Elle fait tout pour me provoquer ! Je veux mourir !

Mon père, au lieu de remercier ma mère qui lui lavait ses habits, lui a assené une gifle. Il lui a ordonné de se plier au bon vouloir de Zubieda. Salim et moi-même assistions à la scène en silence. Nous avions envie de prendre la défense de maman, mais que pouvions-nous faire… ?

Maman est incapable de se défendre. Et chaque fois, c'est la même histoire. Parfois Zubieda invente aussi des ragots stupides pour énerver mon père. Elle distille efficacement son venin. Voilà pourquoi papa vient battre Gongui Ma régulièrement, la torture physiquement et mentalement. Parce que Zubieda lui monte la tête. Gongui Ma a même découvert que ma belle-mère rend secrètement visite à des sorciers du village pour lui envoyer des mauvais sorts. Maintenant, c'est simple, mon père hait ma mère. Et les cheveux de Gongui Ma sont devenus tout blancs.

2

J'entends maman se lever, dans un demi-sommeil. Elle va secouer ma sœur Farah et mon frère Salim qui dorment encore sur leurs *tcharpoïs*. Je les observe, les yeux mi-clos. Ils râlent, ils n'aiment pas se lever tôt, quand il fait encore noir. C'est l'hiver, les matins sont frais quand on doit s'extirper des épaisses couvertures colorées que Gongui Ma nous a achetées d'occasion au bazar.

Maman me secoue à mon tour. Salim doit partir à l'école et Farah va se rendre chez une de mes tantes pour l'aider dans sa maison. Comme il n'y a personne pour me garder, j'accompagne Gongui Ma ce matin. J'enfile mes sandales en baillant. Mes yeux sont encore gonflés de sommeil. J'attrape en vitesse un morceau de galette de pain pour grignoter en route. C'est du pain de la veille. Il est dur, il faut le mâcher lentement. Maman s'éloigne déjà, elle doit se dépêcher. Je la rejoins en traînant les pieds.

Depuis quelques semaines, mon père ne lui donne plus d'argent. Il a décrété qu'elle devait se débrouiller toute seule pour nourrir ses enfants. Hier soir, mes grandes sœurs Mariam et Saima, qui vivent avec leurs maris dans un petit village voisin, sont venues nous rendre visite et maman avait à peine de quoi faire à manger pour nous tous. Il ne restait que quelques poignées de lentilles dans un sac en plastique. Par chance, mes sœurs, avaient apporté des légumes frais de leur potager, des choux-fleurs et des épinards. Gongui Ma les a fait cuire dans une marmite avec de l'huile. Elle a ensuite raconté à mes grandes sœurs que papa nous coupait les vivres. Elles étaient révoltées. Mariam en pleurait de rage :

— Papa devrait avoir honte ! C'est son devoir de subvenir aux besoins de sa famille. C'est lamentable !

Saima a hoché la tête. Elle a tout de suite eu des soupçons :

— C'est sûrement Zubieda qui vous a envoyé un mauvais sort. Elle manipule Murtaza grâce à ses sorciers !

Gongui Ma a acquiescé en frissonnant. De toute façon, elle n'ose pas affronter son mari. Elle a expliqué à mes grandes sœurs qu'heureusement elle avait trouvé un travail. C'est donc à son travail que je l'accompagne ce matin. Le jour s'est levé sur le village, et je suis maman dans les ruelles étroites en grignotant mon pain. Je marche vite pour me réchauffer. Nous frayons notre chemin entre les carrioles brinquebalantes des marchands ambulants et les troupeaux de chèvres qui trottinent derrière leur berger. Maman me désigne du doigt une immense maison d'un blanc éclatant. C'est donc ici, la demeure de M. Malik. Un haut mur d'enceinte la protège des regards indiscrets. La bâtisse de deux étages me semble presque un palais. C'est ici que maman fait le ménage tous les jours. Elle se lance dans une description mimée : il y a une quinzaine de pièces à l'intérieur, une grande cuisine où l'on cuit les repas sur des fourneaux à gaz, et des salles en carrelage avec de l'eau qui coule d'un tuyau accroché au mur pour se laver. Depuis la terrasse, il y a une vue magnifique sur la rivière Chenab. C'est là que la maîtresse de maison, la femme de M. Malik, vient s'asseoir le soir pour prendre son thé et profiter de la vue.

M. Malik est un grand propriétaire, un *wadera*. Un homme riche et important qui possède des terres à perte de vue et une scierie. Il emploie beaucoup de paysans de la région pour travailler dans ses champs. M. Malik, je ne l'ai croisé qu'une seule fois. J'étais allée au bazar faire des courses pour maman ; il était assis dans une grande voiture avec un chauffeur. Ce n'est pas un homme très séduisant, ses traits sont épais et ses cheveux gris lui donnent l'air vieux. Mais il a le teint clair, une moustache imposante et des vêtements élégants. Maman m'assure qu'il est très aimable avec elle, il ne lui a jamais parlé avec mépris. Dans le village, il est connu pour être un homme bon et noble.

Devant le portail, Tchatcha[1] Karam, le jardinier, nous fait signe d'entrer d'un geste condescendant. La porte de la maison reste toujours ouverte. Il n'y a pas de gardes. La foule de domestiques suffit à assurer une certaine sécurité au propriétaire. Devant la demeure, un garage abrite deux tracteurs et trois voitures. Ce matin-là, le véhicule de M. Malik n'est pas dans la cour. Tchatcha Karam nous explique qu'il est parti à Multan pour ses

1. « Tchatcha » signifie « Oncle » en pendjabi.

affaires, puis il retourne à son ouvrage. Tchatcha est chargé d'entretenir l'immense jardin qui s'étend derrière la villa. Il doit tailler les haies, soigner les bosquets, arroser les fleurs et les arbres qui ombragent la pelouse.

Près de l'entrée, il y a une cage en fer où sont enfermés deux énormes chiens qui me terrorisent. Les molosses aboient furieusement dès que nous nous approchons. Dans la cour de la maison, des poules, des vaches et des chèvres se promènent en liberté. Nous patientons quelques minutes devant l'entrée des domestiques, avant qu'une femme âgée nous interpelle. C'est une des servantes de la famille. Nous pénétrons dans la maison.

Derrière la porte ouverte de la cuisine, j'aperçois des femmes qui préparent des légumes marinés aux épices dans des bocaux. La vieille servante clopine jusqu'à la buanderie et désigne à maman un grand baquet qui déborde de linge sale. C'est le jour de la lessive. Maman saisit le baquet en chancelant sous son poids, et le traîne jusqu'au fond de la cour. Là, derrière la maison, tapi contre le mur d'enceinte, se trouve le quartier des domestiques.

Les serviteurs sont logés à côté du poulailler dans de toutes petites chambres blotties les unes contre les autres. Un robinet alimenté par l'eau d'un puits souterrain se dresse à proximité. C'est ici qu'on lave le linge. Nous déversons la montagne de vêtements et de draps sur le sol. J'aide maman à remplir le baquet avec l'eau du robinet, puis nous savonnons les habits un par un en frottant de toutes nos forces. Les mains de maman sont rugueuses et habiles. Mais elle a du mal à venir à bout des nombreuses tâches de gras. Moi, j'ai des crampes à force d'être accroupie devant la bassine. Ensuite il faut rincer le linge, l'essorer et l'étendre sur les fils tendus dans la cour. Cela va prendre une bonne partie de la journée.

Vers onze heures, la vieille servante nous apporte une assiette en métal avec les restes du repas des domestiques. Des épinards qui flottent dans l'huile, et deux galettes de pain. Je m'assois par terre avec maman. Nous enveloppons les légumes dans des petits morceaux de galette que nous enfournons dans notre bouche. Je suis affamée. Maman s'en aperçoit. Je crois qu'elle aussi a très faim mais elle me laisse finir l'assiette. Puis nous reprenons notre lessive jusqu'à ce que le soleil soit haut dans le ciel. Les dernières tuniques sont enfin suspendues au fil. L'air est délicieusement empli d'une odeur fraîche de savon.

La vieille servante nous demande si le travail est terminé et elle va jeter un œil dehors pour s'assurer que tout a été bien lavé. Elle inspecte les draps, examine les tuniques et repart en boitant dans la maison. Puis elle tend à maman une liasse de billets. 150 roupies (1,50 euro), sa paie de la journée. Pendant qu'elles discutent, je vais faire un tour dans le jardin, je nargue les deux molosses dans leur cage en restant prudemment à distance. Tchatcha Karam m'aperçoit, il m'ordonne d'un ton bourru de venir le rejoindre. Il jette un coup d'œil autour de lui pour s'assurer que personne ne le voit. Puis il me tend un bouquet de fleurs et me chuchote :

— Ne le dis à personne et rentre vite chez toi.

Je saute de joie. Je cache le bouquet dans mon dos et je fais signe à maman que je rentre. Une fois arrivée à la maison, je dispose le bouquet dans un petit seau en plastique. Quand maman revient, je guette sa réaction. Elle est ravie de voir ces belles fleurs chez nous. Puis, elle va s'allonger, épuisée, sur son *tcharpoï* installé dans la cour pour avoir un peu de fraîcheur. Demain, elle passera encore toute la journée chez M. Malik pour nettoyer la maison.

Je profite de ce moment de calme pour jouer seule dans la cour. Je trace avec application une marelle sur le sol à l'aide d'un caillou pointu.

Tout à coup, la silhouette de papa apparaît. Je sursaute, mais, à bien y regarder, papa n'a pas l'air en colère cette fois-ci. Il avance d'un pas rapide, sans même me faire un signe. Il secoue maman qui s'est assoupie. Elle se relève. Papa frotte ses doigts contre son pouce, sa grosse voix tonne :

— L'argent ! J'ai besoin d'argent ! Donne-moi tes sous !

Gongui Ma affiche une mine dépitée, elle ouvre grand ses paumes pour expliquer qu'elle n'a rien. Papa sait parfaitement qu'elle travaille chez M. Malik. Il s'énerve et la gifle à tour de bras :

— Tu es une menteuse ! Je sais que tu as de l'argent !

Maman se pelotonne, effrayée. Elle farfouille précipitamment dans son corsage et sort les billets.

— Tu vois, je le savais bien !

Papa triomphe, il fait claquer la liasse de billets et l'empoche. Puis il se dirige dans la chambre de maman, vers le garde-manger. Hier, la voisine nous a donné un morceau de poulet. Pour nous aider à survivre, les voisins nous offrent de la nourriture et des vêtements usés. Papa s'empare de la viande enroulée dans un papier journal et tourne les talons, avec son butin sous le bras, sans un mot. Gongui Ma est hébétée. Nous n'avons plus rien à manger pour ce soir.

Quand la mère de maman était encore vivante, papa n'osait pas se comporter ainsi. Mais depuis la mort de ma grand-mère l'an dernier, il vient se défouler régulièrement sur Gongui Ma. Nous redoutons plus que tout ses visites surprises. Il devient de plus en plus violent et n'a aucun scrupule à prendre l'argent que maman gagne en s'épuisant à la tâche.

La première épouse de papa, ma belle-mère Zubieda, est femme au foyer. Elle reste à la maison avec ses enfants. Elle s'occupe aussi du buffle, des deux chèvres et des poules de papa. Grâce à ces animaux, sa famille a du lait frais et des œufs tous les jours. Ce qui n'empêche pas mon père de venir se servir chez nous. Mon père aime beaucoup Zubieda. Et Zubieda aime beaucoup manger, alors elle lui coûte très cher.

Aussi loin que je me souvienne, mon père a toujours été à court d'argent. Maman m'a raconté qu'autrefois il était fabricant de tapis. Il travaillait comme artisan pour un commerçant de la région. Un métier très mal payé qu'il a vite arrêté. Ensuite, il s'est engagé comme ouvrier dans une des nombreuses briqueteries locales. On les reconnaît à leurs grosses cheminées ventrues, dressées au bord des routes, qui crachent une épaisse fumée noire. Ce sont des ateliers installés en plein air, sur un sol de terre rouge. J'ai accompagné papa une fois à son travail avec mon frère Salim. J'étais toute petite et je suis restée devant l'entrée. Beaucoup d'enfants y étaient employés, certains devaient avoir 5 ou 6 ans. Ils travaillaient à toute allure avec des gestes mécaniques. Les plus petits creusaient la terre rouge dans le sol et la pétrissaient en gros blocs. Les plus grands mettaient les blocs dans un moule pour les transformer en briques. Puis ils les cuisaient dans le four. C'est un métier pénible, il faut porter de lourdes piles de briques toute la journée, supporter la fumée âcre qui vous rentre dans les poumons, et les insultes du patron.

Papa disait que c'était un travail de chien. Sa tunique était recouverte de terre et son visage noir de fumée quand il rentrait. Il racontait que certains ouvriers devaient s'épuiser à la tâche douze heures par jour sans être payés parce qu'ils s'étaient endettés. Le patron leur avait avancé de l'argent au départ et avec les intérêts qui s'accumulaient, ils ne pouvaient jamais le rembourser. Ils étaient devenus des esclaves, condamnés à fabriquer des milliers de briques gratuitement, sans pouvoir partir.

Il y a quelques années, mon père a trouvé une meilleure idée pour gagner sa vie. Il a eu neuf filles avec sa première femme, Zubieda. Il a donc décidé d'en vendre une par an en mariage ; comme cela, il a de l'argent sans se fatiguer.

Selon la coutume, c'est la mariée qui doit apporter une dot à son époux. Cela ne se fait pas de demander de l'argent au mari. Pourtant, mon père trouve facilement des prétendants, des hommes âgés, malades ou divorcés, prêts à payer pour s'acheter une adolescente. Et papa n'a aucune honte à vendre ses filles, au contraire. Il s'en vante. Il répète à qui veut l'entendre que la naissance d'une fille est une bénédiction.

Je me souviens du mariage d'une de mes demi-sœurs, elle devait avoir 14 ans. Je me rappelle encore de son regard effrayé le jour des noces. Pendant que toutes les femmes de la maison étaient en train de la pomponner, de la coiffer, de la maquiller, elle reniflait sans arrêt. Ma belle-mère la grondait parce que le maquillage coulait à cause des larmes. De longues traînées noires recouvraient son visage poupin. Moi, j'aurais rêvé d'être à sa place. Parader dans la maison vêtue d'une tenue écarlate. Être la reine du jour dont le monde s'occupe. Et toute cette musique... je dansais en sautillant avec mes tantes dans la cour de la maison, le coin des femmes.

Comme j'étais toute petite, je pouvais aussi m'aventurer du côté des hommes. Ils fêtaient l'événement entre eux, sous un chapiteau planté sur un terrain en friche à proximité. Les invités mangeaient d'énormes plâtrées de *biriani*, un plat de riz au poulet parfumé aux épices. Les hommes portaient des tuniques d'un blanc éclatant et ils plaisantaient en parlant très fort. C'est là que j'ai vu l'époux de ma demi-sœur. Je l'ai immédiatement reconnu car il portait la coiffe traditionnelle du futur marié, un turban dont les plis sont remontés en éventail au-dessus de la tête. C'était un vieil homme au regard méchant, qui exhibait de grandes dents déchaussées et rougies par le bétel, un tabac qui se chique. Sa barbe était grise et mal taillée. C'est donc chez lui que ma demi-sœur allait partir après la fête. J'ai compris alors ses larmes silencieuses.

Grâce à l'argent que papa a récupéré en mariant cette fille-là, il a pu s'acheter une carriole pour vendre des fruits. C'est bien moins fatigant que les briques, il n'a qu'à rester assis toute la journée devant son étalage. L'année suivante, papa a vendu une autre de mes demi-sœurs. Comme elle est très jolie, papa réclamait une grosse somme d'argent. Les prétendants, trouvant le prix trop élevé, ont marchandé âprement. Le marché s'est conclu à 50 000 roupies (500 euros). Avec son pactole, papa s'est acheté un petit verger d'orangers. Maintenant, il vend sa production au bazar.

Les jours se réchauffent, la saison de la moisson du blé approche. Dehors, des chants et de la musique traditionnelle résonnent dans les rues. Comme chaque année le village célèbre la fête du printemps. Une grande foire est organisée par les anciens sur la place principale. Elle rassemble des centaines de visiteurs et des forains itinérants. Tout le village est en ébullition et ne parle que de ça. Pendant la foire, il y a tous les jours des concours de dressage de chevaux, des courses de dromadaires et toutes sortes de jeux. Sur les trottoirs, les vendeurs proposent quantité d'articles étalés à même le sol : des jouets, des *bangles*, des habits... D'autres cuisinent des beignets et des sucreries dans des grands récipients fumants posés sur des carrioles ambulantes. Gongui Ma ne veut pas que nous y allions. De toute façon, elle n'a pas d'argent pour nous acheter des jouets ou nous payer un tour de manège.

Au printemps, papa décide d'organiser les noces de deux de ses filles avec Arif et Tahir, les deux grands fils que maman a eu avec son premier mari. Mais même si Arif et Tahir font partie de la famille, il est hors de question pour papa de leur « donner » une épouse. Il leur a demandé de payer

2 000 roupies (20 euros) chacun tous les mois pendant plusieurs années.

Je suis ravie que mes frères Arif et Tahir se marient car ils vont revenir habiter avec nous. Ils s'installeront chacun dans une chambre. Je ne les vois pas souvent mes grands frères, ils ont quitté la maison quand j'étais toute petite. Ces dernières années, ils ne revenaient chez nous que pour fêter l'Aïd, après le mois du ramadan. Ils sont maçons tous les deux, ils travaillent sur des chantiers à Karachi, une grande ville dans le sud du Pakistan. Ils m'ont raconté que c'était une ville tellement immense qu'il fallait au moins deux heures de bus pour la traverser. Là-bas, il y a des gens qui viennent de tout le pays et de toutes les ethnies, des Pachtouns, des Sindis, des Baloutches...

Gongui Ma prépare la maison pour l'arrivée de mes frères. Elle astique la vaisselle, secoue les *tcharpoïs* pour enlever la poussière, asperge le sol de la cour avec de l'eau et lessive les murs. Nous sommes toutes excitées et aidons maman avec plaisir.

Arif et Tahir arrivent à la maison après un long voyage en train et en bus, les bras chargés de cadeaux. Ils ont apporté du tissu pour fabriquer des tuniques neuves et des *bangles*. Ils nous embrassent et serrent maman dans leurs bras.

Mes frères déposent leurs paquets et repartent sur-le-champ faire des emplettes au bazar, pour que leurs futures épouses soient confortablement installées. Mon frère Tahir va aussi rencontrer son nouveau patron. Il ne veut plus travailler comme maçon sur les chantiers, pour pouvoir être près de sa femme. Il a trouvé du travail comme vendeur dans une boutique de CD du village.

Le soir, Tahir revient du marché avec un gros carton. Il a acheté une télévision d'occasion. Je saute de joie. Je rêvais d'en avoir une à la maison pour regarder des feuilletons. Il n'y a qu'une seule chaîne, Pakistan Télévision, PTV, mais elle diffuse des séries que j'adore. Tahir ouvre son carton et en sort un petit poste avec une antenne. Sous mon regard émerveillé, il l'installe délicatement sur une table en bois dans sa chambre. Il la branche sur la seule prise de la pièce et l'écran s'éclaire, zébré de rayures bleues et rouges. Tahir est agacé, il tape sur l'appareil. Mes frères passent plusieurs heures à essayer des réglages et enfin, une image correcte apparaît en noir et blanc. Le soir, nous regardons tous ensemble des feuilletons pendjabis, affalés dans la chambre de Tahir. J'adore suivre les péripéties des héros de séries et je suis bouleversée par leurs histoires d'amour tristes.

La semaine suivante, la maison est prête. Mes frères ont acheté des nouveaux *tcharpoïs* peints de couleurs éclatantes et de la vaisselle en métal neuve. Sur les murs de leurs pièces, ils ont collé des posters où s'étalent des paysages de montagne, des cascades et des soleils couchants. Ils ont aussi fixé des images saintes de mausolées soufis de notre région. Dans deux jours, la cérémonie de mariage aura lieu. Plus de cent cinquante personnes ont été invitées. Gongui Ma a acheté des victuailles pour fournir les cuisiniers qui préparent la nourriture près du chapiteau où se déroulera le mariage. Les marmites bouillonnent, des effluves de ragoûts s'échappent des chaudrons, les desserts embaument... Ce sera un grand mariage.

3

L'*azan* me réveille. C'est l'appel à la prière qui résonne depuis un haut-parleur de la mosquée. Il fait encore nuit noire, il doit être cinq heures et demie du matin. Les nuits d'été sont tellement chaudes que nous dormons dehors dans la cour pour avoir un peu de fraîcheur. Trois ans ont passé depuis le mariage de mes frères Arif et Tahir. Après deux jours de fête, mes belles-sœurs sont venues s'installer chez nous. Elles sont arrivées dans un chariot tiré par un âne. La femme d'Arif s'appelle Zeba, elle est grande et maigre, avec un visage allongé. Sa sœur Hina, l'épouse de Tahir, est une petite femme nerveuse, à la silhouette efflanquée et au teint noir. Elle est plus jeune que Zeba.

Dans la carriole, elles avaient apporté chacune leur malle de jeune mariée. Un peu timides et inquiètes d'arriver dans une nouvelle demeure, elles n'en menaient pas large. Les premiers jours, elles se sont montrées très gentilles. Elles demandaient sans cesse à Gongui Ma si elles pouvaient l'aider. Elles se chargeaient de toutes les corvées de la maison. Mais l'ambiance a vite changé. Maintenant, elles sont ici chez elles et elles font la loi.

Le nouveau-né de Zeba se met à pleurer. Il faut vraiment que je me lève. Mes belles-sœurs ont eu chacune deux enfants, c'est moi qui suis chargée de m'en occuper. Trois de mes neveux marchent déjà, ils sont intrépides et ils furètent partout à la recherche d'une bêtise à faire. Je dois les surveiller en permanence. Et puis je cuisine leur repas, je les lave, je lessive leurs habits…

Je me lève en maudissant le matin. J'aurais bien dormi quelques heures de plus. Je mets mes sandales. Je n'ai pas besoin de m'habiller, je dors en tunique[1]. Pendant que les autres se retournent dans leur lit, je vais prendre un fagot de bois au fond de la cour. Je choisis des petites branches bien sèches que je dispose dans le foyer avant d'allumer le feu. Le village commence à s'agiter, les aboiements des chiens retentissent dans la campagne. Des voix encore endormies me parviennent des cours du voisinage.

Gongui Ma elle aussi est debout. Elle se lave les mains et les pieds au robinet des toilettes avant de faire sa prière sur un petit tapis élimé, la tête couverte de son voile. Maman est très croyante. Elle ne manque jamais une des cinq prières quotidiennes, et parfois, elle s'assoit et ouvre le vieil exemplaire du Coran qu'elle a reçu pour son premier mariage. Comme elle ne sait pas lire, elle regarde juste les pages en marmonnant des prières incompréhensibles. Elle demande souvent à Salim de lui réciter des passages du Livre saint. Mes belles-sœurs, elles, ne sont pas très pratiquantes. Je ne les ai d'ailleurs jamais vues prier.

1. Il s'agit d'un vêtement traditionnel mixte composé d'une chemise et d'un pantalon : le *Shalwar Kamiz*.

Avant que tout le monde soit debout, je dois pétrir les galettes de pain pour le petit déjeuner. Je mélange la farine avec de l'eau dans un plat. Il faut juste assez d'eau pour que la pâte ne colle pas aux mains mais qu'elle soit quand même élastique. Je suis encore à moitié endormie. Je malaxe avec des gestes mécaniques la bouillie qui s'assouplit sous mes doigts. Ensuite je fais des petites boules et je les aplatis avec les mains jusqu'à ce qu'elles aient une belle forme ronde.

J'entends Salim qui pousse des jurons. Je rigole doucement. Mon frère s'est cogné le genou en sortant de son lit. Il s'étire, vêtu de son *dhoti*, une pièce d'étoffe enroulé autour des hanches, et d'un tee-shirt. Je dois me dépêcher. Je dépose un petit morceau de beurre sur une plaque en fer au-dessus du feu et je fais frire les galettes de pain aplaties dessus. L'odeur délicieuse du pain grillé réveille mon appétit. Mais retirer les galettes dorées sans se brûler est un exercice délicat. Mes mains en ont fait l'amère expérience. Je garde des cicatrices rougies de certains matins où, mal réveillée, je n'ai pas été assez habile.

Après le pain, il faut préparer le thé. Je dose minutieusement les cuillerées de thé noir conservé dans une boîte en métal. Je rajoute le sucre, le lait. Je fais aussi chauffer du lait frais pour les enfants. Ça y est, tout est prêt.

Les adultes sont debout, encore un peu ensommeillés. Les petits trottinent dans la cour. Mes deux frères Arif et Tahir ne rentrent que la semaine prochaine. Ils sont occupés sur un chantier à Multan, la grande ville de notre région. Nous nous asseyons par terre pour manger autour d'une nappe en plastique. Hina trempe des morceaux de galette dans le lait chaud pour son fils Ahmed. Zeba allaite son bébé tout en buvant son thé. Le nourrisson est vêtu d'une petite tunique qui dégage une odeur aigre. Il a les fesses à l'air, comme tous les bébés.

Salim traîne, il va être en retard à l'école. Gongui Ma le dispute. Il se précipite dans sa chambre et ressort vêtu de son uniforme d'écolier, un pantalon noir et une chemise blanche un peu froissée. Hina se moque de lui car ses cheveux hirsutes se dressent sur sa tête. Gongui Ma lui mouille le crâne avec un peu d'eau et lui passe un coup de peigne. Mon frère se laisse faire, de mauvaise grâce. C'est un jeune homme maintenant, il a poussé d'un coup et il est très fier du fin duvet qui borde sa lèvre supérieure. Il avale une tasse de thé et rejoint les fils des voisins qui l'attendent dans la rue pour aller en cours.

Quand tout le monde a fini de manger, je lave les assiettes et les tasses à l'eau froide. Farah et Gongui Ma partent travailler chez M. Malik. Je reste seule avec mes belles-sœurs. Ensuite, je balaie soigneusement les chambres avec un fagot de jonc. Toujours accroupie, je jette un coup d'œil derrière moi. Ma belle-sœur Zeba me surveille, le regard mauvais.

— Naziran dépêche-toi, tu es trop lente, mais qu'est-ce qu'on va bien pouvoir faire de toi ?

Quelques semaines après leur mariage, mes belles-sœurs ont commencé à montrer leur vrai visage. Ce sont des pestes. Elles ne cessent de se plaindre de leur sort, traitant leurs maris de fainéants. Même si elle subit aussi leurs jérémiades incessantes, ma mère est trop douce pour leur faire des remontrances.

Ma belle-sœur Zeba est particulièrement furieuse contre son mari. Il faut dire qu'Arif a un certain penchant pour l'alcool. Bien que ce soit interdit dans notre pays, beaucoup d'hommes boivent en cachette dans les villages. Ils fabriquent leur propre vin local. Ils mettent des fruits avariés dans une bouteille avec de l'eau qu'ils enterrent dans le sol. Au bout de quelques jours, le mélange se transforme en alcool.

Au début, mon frère Arif s'est mis à boire en cachette avec ses amis. Mais sa femme a rapidement compris ce qui se passait, à cause de son allure et de son odeur. Parfois, quand il rentre à la maison, il marche de travers et sa bouche dégage une odeur acide de fruit pourri. Ses yeux sont tout rouges et il se met à hurler après Zeba. Mais Zeba hurle encore plus fort que lui en le traitant de *sharabi*, ivrogne ! Elle lui dit qu'il va devenir aveugle ou mourir empoisonné par ce mauvais alcool, comme l'un de nos voisins.

Le soleil s'est levé, après le ménage c'est l'heure de faire la lessive. Je dois laver le linge de tout le monde. Les tuniques de mes frères et sœurs sont usées et maculées de taches. Les habits souillés des petits sentent l'urine. J'ai les mains toutes fripées et rongées par la lessive. J'étale le linge humide sur le tas de bois. Avec la chaleur, il sera sec ce soir. J'essuie mes mains sur mon voile. Je le porte autour du cou comme le font les petites filles. Je garde un œil sur mes neveux que je dois surveiller. Ils s'amusent dans la cour avec leurs jouets, ils ont des tas de peluches et de poupées que je n'ai pas le droit de toucher. Je retourne aux fourneaux, je dois préparer le déjeuner en vitesse.

Zeba s'assoit à côté de moi sur un *tcharpoï*. Avec le pied, elle berce son bébé allongé dans un petit hamac accroché aux pieds du lit. Elle se rend compte que je suis fatiguée. Elle me lance :

— À ton âge, Naziran, je travaillais aussi. C'est chacun son tour. Tu es la plus jeune, c'est donc sur toi que retombent les corvées. C'est normal.

Je ne bronche pas. Elle poursuit.

— Il faut bien que tu serves à quelque chose ! On te donne à manger tous les jours, non ?

Elle peut dire ce qu'elle veut, je n'en pense pas moins. Je sais qu'elle va se faire sa petite tasse de thé et se recoucher après. Je lave les pommes de terre, je découpe les choux-fleurs en morceaux, j'épluche un oignon que je taille en lamelles. L'huile frémit dans la casserole. Je jette les légumes dedans, je les laisse dorer puis je rajoute un peu d'eau. Les effluves alléchants embaument la cour. Nous mangerons cela avec des *rotis*, de fines galettes de pain. J'écrase une pomme de terre dans une assiette pour les petits, et je découpe une banane en rondelles pour leur dessert. Demain, c'est jeudi. C'est un jour de fête : Gongui Ma achètera peut-être du poulet s'il lui reste assez d'argent.

Après le déjeuner, pendant que je termine la vaisselle, mes belles-sœurs s'installent pour la sieste. La chaleur de l'été est accablante. Elles s'endorment à l'ombre de notre petit arbre avec leurs enfants. Dès que je les vois s'assoupir, j'en profite pour m'échapper un peu. J'ai tellement envie de m'amuser avec les autres enfants.

Je ne vois plus beaucoup ma voisine Rima car elle va à l'école maintenant. Plusieurs fois, je l'ai guettée quand elle rentrait. Elle passait dans ma rue avec un petit groupe d'écolières, toutes pimpantes dans leur bel uniforme, une tunique noire et un voile blanc. Je n'osais pas sortir car Hina me surveillait.

Un après-midi, pendant que mes belles-sœurs dormaient, j'ai pu raccompagner Rima chez elle. Ses amies en uniforme me jetaient des regards hautains. Dans sa chambre, Rima a écrit mon nom avec application avec son stylo à bille sur une feuille de son cahier. Elle m'a expliqué le nom des lettres qu'elle traçait : *noon*, *alif*, *zal*... J'étais émerveillée. J'ai gardé la feuille pliée sous mes habits, me promettant d'apprendre moi aussi à écrire.

En rentrant à la maison, j'ai demandé à Gongui Ma si je pouvais aller à l'école. Elle m'a répondu qu'elle en parlerait à papa. Je suis allée me coucher m'imaginant dans un bel uniforme avec un voile blanc, un cartable à la main... Mon frère Salim, lui, va à l'école publique depuis qu'il a environ 6 ans. Son professeur assure qu'il est surdoué, il a même sauté une classe car il comprend tout avant les autres. Mon frère ramène toujours des bonnes notes à la maison même si maman ne peut pas l'aider pour ses devoirs, elle ne sait pas lire comme la plupart des femmes et de toute façon elle est sourde... Gongui Ma l'encourage pourtant, elle est fière de lui.

Quelques jours plus tard, maman m'explique avec des gestes qu'elle a abordé le sujet avec papa. Elle a bien tenté de le convaincre mais il ne veut pas entendre parler d'école. Pour lui, les études ne servent à rien. Une fille se marie et travaille dans sa maison. Pourquoi perdrait-elle son temps à apprendre des choses superflues ? Mes deux belles-sœurs étaient bien sûr d'accord avec lui, elles ont décrété que j'étais plus utile à la maison. Gongui Ma n'a pas insisté. Mes rêves d'école se sont envolés. Ce matin-là, Hina m'a lancé un regard sournois, elle a ricané :

— Alors Naziran, pour qui tu te prends ? Tu veux devenir savante ? Va donc laver le sol et finir la lessive !

Je n'ai rien trouvé à répondre. Et je ne suis jamais retournée chez Rima.

Je ferme le portail en essayant de ne pas le faire grincer. Maintenant que je me suis échappée de chez moi après toutes les corvées, je vais rejoindre des petites filles du village au bord d'un canal. Sur mon chemin, je dois passer devant l'école. J'appréhende ce moment. J'aperçois les élèves qui récitent en chœur leurs leçons, ils sont assis dans la cour car il fait trop chaud dans le petit bâtiment en ciment. Je hâte le pas. Je me dis que quand j'aurais des enfants, même si ce sont des filles, je les enverrai étudier. Enfin, si mon mari est d'accord. Il faudra que je le convainque.

Je m'éloigne des dernières maisons et je retrouve mes amies près du chenal. Elles me saluent avec des cris de joie. Elles sont très affairées. Elles malaxent des morceaux de glaise dans leurs mains. Avec la terre malléable, nous nous fabriquons des statuettes et des petits animaux, des moutons, des chevaux… Je vais chercher un bloc humide près de l'eau, je détache un bout de terre que je pétris rageusement. La glaise prend forme dans mes mains, je façonne un petit corps. Des bras, une tête. Ce sera la maman. Ensuite, je fais des corps plus petits pour les enfants. Mes amies comparent leurs œuvres et rient parce que l'une d'elles a tenté de fabriquer un cheval, mais ses pattes s'affaissent sous son poids, il ne tient même pas debout. De toute façon, il faut laisser sécher les poteries au soleil pour qu'elles durcissent.

En façonnant ma petite famille de glaise, j'imagine des parents qui s'aiment et qui emmènent leurs enfants se promener dans les montagnes, dans un paysage comme sur le poster de la chambre d'Arif. J'ai entendu parler de ces montagnes, dans le nord du Pakistan. Une de mes cousines est allée là-bas pour son voyage de noces avec son mari, un commerçant du village qui vend des sacs d'engrais et de pesticides. Elle a passé une semaine dans une ville qui s'appelle Murree. Elle logeait dans un grand hôtel d'où l'on voyait les montagnes. Elle a raconté à Gongui Ma que, là-bas, l'air est pur et il fait frais même en plein été, quand ici notre région s'embrase sous la canicule. En cette saison, l'air brûle les poumons et nous sommes assaillis par les moustiques qui se déchaînent.

Sur une petite route à côté du canal, il y a un groupe de garçons qui s'amusent. Mais ils refusent que les filles viennent avec eux. De toute façon, nous leur avons répliqué que nous ne voulions pas jouer avec eux non plus. Ils sont en pleine partie de cricket, ils se prennent très au sérieux et poussent des hurlements quand ils gagnent. Mon frère Salim va les rejoindre parfois l'après-midi. Ils jouent aussi au *Kabadi*, la lutte, ou au *Guli Danda*, qui consiste à frapper avec un bâton un petit morceau de bois placé dans un trou ovale.

Au bout d'un moment, mes amies en ont assez de fabriquer des statuettes au bord du canal. Elles proposent de jouer à cache-cache pendant que les poteries sèchent. Nous courons comme des folles dans les prés. Notre terre est sèche, craquelée, plombée par le soleil. Les vagues de chaleur montent du sol en ondulant. Même les buffles sont accablés par la chaleur, ils se sont réfugiés à l'ombre des arbres. Les paysans sont obligés de faire des pauses dans la journée, sinon la tête leur tourne. Les femmes leur apportent des gourdes pleines de *lassi*, du yaourt liquide. Mon oncle maternel dit que c'est une boisson qui rafraîchit le corps et l'esprit, cela permet de tenir toute la journée.

Personne ne nous surveille. Nous pénétrons dans une plantation de cannes à sucre. C'est facile de se dissimuler ici, les cannes sont bien plus hautes que nous. Nous nous éparpillons dans le champ. Je trouve une très bonne cachette et je m'accroupis sur le sol pour rester invisible. Mais une des filles me découvre immédiatement. Je crie qu'elle a triché, elle a fait semblant de fermer les yeux ! Nous rions et recommençons à jouer jusqu'à ce que la chaleur nous épuise. Puis nous brisons des cannes pour mâcher leurs tiges. Elles ne sont pas encore très mûres mais elles sont déjà imbibées d'un jus sucré, c'est un régal. Pendant la récolte, les cannes sont coupées avec des machettes. Comme nous n'avons rien de tranchant, nous arrachons un plant en le tournant sur lui-même jusqu'à ce qu'il se casse. Nous nous cachons avec notre butin derrière un arbre pour ne pas nous faire prendre.

Tout à coup, l'une des filles les plus petites pousse un hurlement. Une énorme sauterelle a atterri sur son voile. Elle me regarde, tétanisée. Je m'approche doucement et je capture délicatement l'insecte avec les deux mains en faisant attention de ne pas lui briser les pattes. Avec cette grosse sauterelle, nous allons jouer à un de nos jeux préférés. Nous l'emportons devant une des mosquées du village.

C'est l'heure de la sieste, il n'y a personne dans les rues. Nous plaçons la sauterelle sur le seuil de la mosquée ; si elle entre à l'intérieur, c'est un bon présage, cela veut dire qu'il va pleuvoir. La sauterelle se traîne sur le sol, une de ses pattes est tordue, je l'ai peut-être serrée trop fort dans mon poing. Soudain elle entre d'un bond dans la mosquée. La pluie va donc venir ! Nous sautons de joie.

Dans notre région, quand la mousson survient, c'est un délice. La pluie est un cadeau du ciel. Les gens l'attendent avec impatience. Tout le monde aime la pluie ici. Dès que l'on entend le chant du *kohèl*, une sorte de corbeau qui fait son nid à cette époque, cela veut dire que l'arrivée de la mousson est proche. C'est aussi la saison où les mangues mûrissent jusqu'à prendre un goût de miel. La pluie dans notre région tombe soudainement, des trombes d'eau déferlent pendant quelques heures et détrempent le sol. On respire enfin après des journées de chaleur insoutenable. Mais cet après-midi, le ciel reste désespérément bleu, la sauterelle s'est peut-être trompée. Je rentre à la maison un peu déçue, accompagnée de mes amies.

Malheureusement, Zeba s'est réveillée. Et elle m'attend de pied ferme. Dès qu'elle m'aperçoit dans la rue, elle sort comme une furie et me gifle devant les autres filles :

— Tu étais passée où ? Sale gamine ! Regarde tes vêtements, tu es pleine de terre ! Tu sais très bien que tu as du travail !

Elle lance un regard furibard à mes amies qui restent pétrifiées et brandit le poing :

— Je vous interdis de jouer avec Naziran ! Vous êtes prévenues !

Les filles s'enfuient en courant.

Zeba me gifle à nouveau :

— Zubieda t'attend depuis une heure, tu as oublié que tu devais aller chez elle ?

J'avais en effet oublié. Sa maison est à quelques minutes de chez nous. Trois pièces alignées ouvertes sur une cour. Mais la cour est plus grande que la nôtre et il y a aussi une étable pour le buffle et les deux chèvres.

Zubieda est seule. Elle est couchée sur un *tcharpoï* près de sa chambre. Son gros ventre étalé sous sa tunique monte et descend. Elle ronfle, la bouche ouverte comme un poisson. Tant mieux, je ne vais pas la réveiller. Je m'empare du balai en jonc et je frotte le sol des chambres en vitesse. Je soulève des nuages de poussière. Dans la chambre de Zubieda, les poules sont enfermées dans un petit placard. Mais elles ont fait des crottes partout car elles se promènent librement le matin. Je verse de l'eau pour nettoyer.

Zubieda dort toujours profondément, un filet de salive coule de sa bouche. Je dois encore faire la vaisselle. Heureusement, il n'y en a pas beaucoup aujourd'hui. Juste quelques assiettes, des tasses et, malheur ! une casserole dont le fond a brûlé. Je gratte fébrilement les restes de riz carbonisé jusqu'à voir la couleur métallique réapparaître. Quand j'ai terminé, mes ongles sont tout noirs.

Je rentre à la maison avant que Zubieda n'émerge de son sommeil. Aujourd'hui, j'ai échappé à ses remarques perfides. Je ne supporte plus de l'entendre critiquer ma mère, la traiter d'idiote. Je repense à cela en marchant dans la rue. Ce n'est pas Gongui Ma qui a décidé d'épouser le mari de Zubieda. Ma mère n'a pas eu le choix.

Chez moi, je dois encore préparer le dîner. Le soir, c'est plus facile, il suffit de faire réchauffer les restes de midi. Je suis accroupie devant le foyer quand mon grand frère Arif entre dans la cour, un grand sourire aux lèvres. Son patron lui a versé une prime car il était très content de son travail sur le chantier. Du coup, avec ses économies, Arif a pu racheter un petit hôtel dans le village. On appelle cela un « hôtel » ici, mais ce n'est pas un endroit où les gens dorment. C'est une échoppe de thé où les hommes s'assoient, jouent aux cartes et discutent entre eux pendant des heures. Il y en a plusieurs dans le village mais Arif en avait repéré une en particulier. Il était devenu ami avec le propriétaire, un homme très âgé, qui voulait revendre son affaire… Arif est allé le voir tout à l'heure, marché conclu, l'hôtel est maintenant à lui. Mon frère va avoir besoin d'aide et il me propose de laver les tasses dans son échoppe. Il me promet de me donner un billet de cinq roupies par jour ! Zeba est d'accord pour que j'aille lui donner un coup de main.

— Au moins, elle n'ira pas traîner dans les rues, cette sale gamine !

Le lendemain après-midi, dès que j'ai terminé mon travail à la maison, Arif m'emmène avec lui. Son « hôtel » est installé en bordure d'une ruelle près du bazar. C'est une petite bicoque en ciment qui abrite des sièges en plastique et des lits de corde. Il y a aussi quelques lits en terrasse, à l'extérieur. Mon frère a installé une télévision et un lecteur de DVD qui diffuse des clips de chansons pendjabis à pleins décibels. Les clients regardent distraitement les vidéos en sirotant le thé brûlant qu'Arif prépare dans une casserole sur un réchaud. Ils dégustent aussi des ragoûts de viande et des petits pains fourrés au poulet.

Moi, la petite fille, je suis fière d'être avec les adultes. J'écoute les discussions des hommes du village en rinçant les tasses dans un seau d'eau grisâtre. Des paysans au visage buriné se plaignent de la sécheresse, les récoltes ne vont pas être bonnes cette année. La pluie n'arrive toujours pas, *Allah nous a oubliés* ! À la table d'à côté, un boucher à la tunique maculée de sang, qui attire des nuages de mouches, joue aux cartes avec un compère. Ils ont misé gros. Soudain, le ton monte. Le boucher a perdu et il refuse de payer. Mon grand frère intervient pour calmer les esprits.

Je rentre à la maison en fin de journée, toute contente, en serrant mon billet de cinq roupies. Mais dès que j'ai passé le pas de la porte, Zeba m'attrape et me réclame l'argent. Je me raidis. Elle me lance un regard mauvais, les sourcils froncés. Si je ne lui donne pas l'argent, elle déclare que je peux oublier mon dîner. Je finis par lui tendre mon billet. J'enrage, moi qui voulais m'acheter une poupée au bazar.

4

C'est bientôt la fête de l'Aïd ! Après les trente jours de ramadan, nous allons célébrer cet événement avec un bon repas. Je trépigne d'impatience. Pour les enfants, c'est le meilleur moment de l'année. Pendant l'Aïd, ils reçoivent des cadeaux, des habits neufs ou des petits billets. Le mois du jeûne a passé lentement. J'ai l'impression que ce sont les jours les plus longs de l'année. Les adultes sont fatigués, ils n'ont pas le droit de boire ni de manger entre le lever et le coucher du soleil. À quatre heures du matin, c'est le branle-bas de combat. Tout le monde est debout. Il faut vite se remplir le ventre avant le premier rayon du soleil.

Mon frère Arif, lui, reste à la maison, il n'ouvre son « hôtel » que le soir puisque personne n'a le droit de manger. La journée, il sommeille sur son lit de corde. Mon autre grand frère, Tahir, est maintenant vendeur à plein temps dans une boutique de CD du bazar. Pendant le ramadan, les clients se font rares mais il doit quand même tenir le magasin toute la journée. Il nous raconte qu'il s'allonge par terre derrière le comptoir et il fait la sieste en attendant qu'un éventuel acheteur entre dans la boutique. Ce qui n'arrive que deux ou trois fois par jour.

Ma sœur Farah et mon frère Salim ont suivi le ramadan tous les jours. À quatre heures du matin, Salim se goinfre, il mange deux galettes avec du beurre, se recouche et part à l'école à sept heures. Gongui Ma se sent fiévreuse, avant que le soleil ne se lève, elle se prépare un verre d'eau citronnée, « un remède pour tous les maux », selon ma grand-mère. Si sa fièvre ne baisse pas, c'est moi qui vais devoir aller travailler à sa place dans les maisons où elle fait la lessive et le ménage.

Je fais semblant d'être épuisée moi aussi car cette année j'ai annoncé que j'allais suivre le jeûne, et tout le monde m'a félicitée. En fait, je mange en cachette. J'ai craqué dès le premier jour, j'avais trop faim. Je glisse discrètement un bout de galette de pain dans la manche de ma tunique et, dans la journée, je vais aux toilettes. Bien cachée dans la petite cabane, j'arrache des morceaux de galette que j'avale d'un coup sans mâcher pour aller plus vite. Ensuite, j'ai tellement soif que je bois de l'eau au robinet pendant que je fais le ménage et que personne ne me regarde.

La femme de Tahir, Hina, ne fait pas le ramadan parce qu'elle allaite son bébé. Elle a accouché d'un troisième enfant il y a quelques mois. C'est une petite fille qui s'appelle Chandni. Hina n'a pas jeûné non plus l'an dernier, puisqu'elle était enceinte. Notre voisine Asefa, une matrone qui s'ennuie chez elle, s'invite tous les jours dans notre cour pendant le ramadan.

— Tu sais, Hina, dit-elle, tu devras rattraper ton jeûne plus tard dans l'année ! Sinon, cela portera malheur à toute la famille.

Hina acquiesce sans rien dire.

Mon frère Arif tente de défendre sa belle-sœur :

— Un client de mon hôtel, qui est étudiant dans une madrassa, m'a expliqué que si on ne pouvait pas suivre le jeûne, il était possible de donner de l'argent aux pauvres pour compenser.

Pendant le ramadan, il faut de toute façon payer la *zakat*, l'aumône requise par le Coran. Alors Arif propose de faire une donation à la mosquée plus conséquente que d'habitude.

— Nous n'avons même pas assez d'argent pour nous, comment pourrait-on en donner aux pauvres... ? réplique alors Hina.

Les adultes se disputent souvent, ils sont tous sur les nerfs ce mois-ci. À cause de la chaleur, ne pas boire est un supplice et cela leur monte à la tête. Je suis soulagée quand Gongui Ma m'envoie faire des courses au bazar pour le dîner. Dans les rues, la tension est perceptible. Les visages sont creusés, les yeux brillants. Les esprits s'échauffent quand une moto frôle un âne de trop près ou qu'une voiture heurte une carriole. Les conducteurs descendent immédiatement. Ils s'insultent, brandissent le poing, hurlent des menaces. Très vite, un attroupement se forme et tous les passants se délectent du spectacle, qui leur fait oublier quelques instants la faim et la soif qui les tenaillent.

En fin d'après-midi, nous préparons la rupture du jeûne. Le menu est délicieux : du riz sucré, des beignets de pommes de terre et des *samosas* fourrés à la viande. Leur odeur nous chatouille les narines mais il est interdit d'y toucher. Farah et moi, nous jetons des coups d'œil affamés sur les plats. Même les adultes ne peuvent pas s'empêcher de lorgner sur la nourriture. Les heures s'allongent. Nous disposons les mets dans les assiettes et nous nous asseyons autour, en cercle, en scrutant le ciel.

Le dernier rayon du soleil disparaît enfin, l'appel à la prière retentit dans les mosquées. C'est le signal de la rupture du jeûne. Selon la tradition, on doit d'abord manger une datte. Puis tout le monde se rue sur la nourriture, on n'entend plus que le bruit des assiettes et des mâchoires. Les plats sont vite nettoyés, la casserole de thé vidée, le dernier beignet avalé. Mes frères se lèvent, le ventre bien rempli, pour aller prier à la mosquée avec les hommes du village. Les femmes restent à la maison. Gongui Ma va prier sur un tapis dans sa chambre.

Je rejoins ensuite Arif à son « hôtel ». Il ouvre le soir pour rattraper sa journée perdue. Les habitués se pressent, impatients de se retrouver entre amis et d'oublier la journée. Ils discutent du prix de la farine et du sucre qui a doublé pendant le ramadan – les commerçants prétendent qu'il y a une pénurie, comme chaque année, mais ce sont des mauvais musulmans qui profitent du mois sacré pour racketter les braves gens. Et les tailleurs, n'en parlons pas ! C'est le mois où ils travaillent le plus et, comme d'habitude, ils n'arrivent pas à tenir les délais pour livrer les habits neufs ! Pourtant, on leur avait donné il y a trois semaines déjà cette belle pièce de coton pour coudre une tunique avec un pantalon bouffant ! Ce ne sera jamais prêt à temps.

Je les écoute d'une oreille distraite en rinçant les assiettes pour gagner les malheureuses roupies que Zeba va me confisquer dès que je vais rentrer. Peut-être me laissera-t-elle mon argent cette fois-ci, comme c'est l'Aïd demain... Je suis ravie d'être à l'hôtel et de m'évader un peu de la maison. Les soirs de ramadan, les rues sont animées, le bazar reste ouvert jusque tard dans la nuit. Les habitants déambulent pour effectuer leurs dernières emplettes avant l'Aïd. Pendant les trois jours de fête, tous les commerces seront fermés, les familles vont se réunir. Certaines, chargées de paquets, partent déjà dans les minibus bondés pour rejoindre leurs proches dans d'autres villes.

Les dernières lumières se sont éteintes dans les rues. Je rentre à la maison avec Arif et Zeba me confisque mon billet une fois de plus. Ça y est, le dernier jour du jeûne s'est achevé. C'est l'Aïd ! J'ai du mal à dormir tellement je suis excitée.

Le matin, nous prenons le petit déjeuner tous ensemble, plus tard que d'habitude. Mes grands frères nous donnent des petites pièces à moi et à Farah. Nous courons immédiatement nous acheter des glaces chez le marchand ambulant qui arpente les rues. Il est facile à localiser, sa petite carriole jaune diffuse de la musique. C'est toujours la même mélodie, qui fait saliver les enfants quand ils l'entendent. Je m'achète une petite glace à la mangue, servie dans un demi-gobelet. Farah préfère le chocolat. Nous avalons notre crème glacée avec une petite palette en bois, avant de rentrer à la maison.

Avec mes belles-sœurs et maman, nous nous lançons dans la préparation du déjeuner. Pour le dessert, Gongui Ma a prévu des nouilles bouillies dans du lait sucré et une salade de fruits épicée.

Maman a aussi acheté un poulet, que le marchand a tué devant elle. Il l'a vidé avec un couteau et a jeté ses entrailles dans la rue, un régal pour les chats errants. Nous découpons la volaille en morceaux, avant de la faire rissoler avec des oignons. Puis on la cuit avec du riz parfumé aux épices. Le repas est succulent, mes neveux grappillent des petites poignées de nourriture. Les adultes engloutissent les plats. C'est sans doute notre meilleur repas de l'année.

Le festin est terminé, c'est le moment des cadeaux. Mes frères offrent à leurs femmes des vêtements neufs, de belles tuniques cousues par les tailleurs. Hina et Zeba ont acheté des petits animaux en peluche pour leurs enfants qui poussent des cris de joie. Moi, je n'ai rien reçu. Personne ne m'a fait de cadeaux. Gongui Ma n'a plus assez d'argent, elle a déjà acheté la nourriture avec ses économies.

Mais M. Malik, le grand propriétaire chez qui elle travaille, lui a offert une pièce de tissu rose et jaune pour qu'elle se fabrique une nouvelle tunique. Elle la déplie fièrement pour que tout le monde l'admire. Mes belles-sœurs palpent le tissu et louent sa finesse. J'aimerais bien avoir aussi un vêtement neuf, je ne porte que les vieilles tuniques rapiécées et usées jusqu'à la corde de mes sœurs. Je contemple l'étoffe si douce, l'air abattu. Ma mère surprend mon regard. Elle sourit. Avec des gestes, elle me dit :

— Tu sais, Naziran, je n'ai pas besoin de vêtement, je vais te faire une nouvelle tunique.

Je saute de joie. C'est un cadeau magnifique. Je serai tellement fière dans ce vêtement ! Je crois que c'est le plus beau jour de ma vie. Même si mes belles-sœurs réprimandent Gongui Ma :

— Tu as perdu la tête, une gamine n'a pas besoin d'un tel cadeau !

Une semaine passe, tout le monde a repris le travail, les jours de fête de l'Aïd sont loin déjà. Mon grand frère Tahir est parti en bus à Karachi pour s'approvisionner en DVD et en cassettes pour sa boutique. Le commerce marche bien. Au Pakistan, à cette époque-là, il n'y a que la chaîne PTV, qui est un peu ennuyeuse. Et les clients de Tahir réclament toujours de la nouveauté, ils veulent regarder les films les plus récents. Son patron l'a donc envoyé acheter des stocks au Rainbow Center de Karachi. J'ai entendu mes frères en discuter, c'est un marché gigantesque où l'on trouve tous les derniers films. Il y a même des vidéos américaines avec de belles actrices qui se déshabillent entièrement devant la caméra… Les clients de la boutique apprécient beaucoup ce genre de films.

Les habitants du village sont aussi fans des superproductions indiennes dans lesquelles joue souvent Shah Rukh Khan, un acteur musulman très célèbre. Les films de Bollywood ne passent jamais sur Pakistan Television, puisque nous sommes fâchés avec l'Inde. Tahir a donc pour mission de ramener tous les derniers films qui se vendent bien. Il doit demander aux marchands de faire défiler les images sur un lecteur DVD. Car ce sont des copies pirates, souvent de mauvaise qualité. Parfois, les films sautent ou bien ils se bloquent… Dans le marché de Rainbow Center, Tahir va aussi faire le plein de cassettes de musique traditionnelle. Elles sont très prisées par les chauffeurs de bus et de taxi, des clients réguliers de sa boutique.

Demain mon frère sera de retour. Il rentre en bus avec toute sa marchandise. J'ai hâte de voir ce qu'il ramène, parfois il me laisse regarder des films pendjabis dans sa boutique. Pendant le dîner, le téléphone de notre voisin se met à sonner. On l'entend résonner depuis notre cour. Notre voisin a une ligne fixe chez lui depuis quelques mois et il reçoit des appels pour les familles du quartier qui n'ont pas de téléphone. Quelques secondes plus tard, le voisin vient frapper à notre porte.

— Arif ! Viens par ici ! Il y a un coup de fil pour toi !

Arif revient au bout de quelques minutes, la mine sombre.

— Tahir a eu un accident dans une rue de Karachi, il est à l'hôpital.

Hina, la femme de Tahir, est complètement affolée et maman se met à gémir. Arif essaie de se montrer rassurant mais il semble embarrassé. Il n'ose pas donner les détails de l'accident devant moi et il reste évasif. Malgré ses précautions de langage, je finis par comprendre que Tahir a été blessé au niveau de ses parties intimes.

Quand Tahir revient finalement à la maison deux jours plus tard, il est blême de douleur. Il a supporté des heures de trajet, assis dans un bus, sur une route pleine de nids de poule. Chaque cahot lui faisait souffrir le martyre. Il clopine jusqu'à son lit, appuyé sur Hina, et s'allonge sans rien dire. Il reste dans sa chambre pendant de longues semaines en convalescence.

Les mois passent et mon frère Tahir est de plus en plus déprimé. Hina finit par prévenir mon père. Un après-midi, papa vient nous rendre visite. Il se lance dans une grande conversation avec Hina. Je les écoute mine de rien tout en lavant la petite Chandni dans une bassine. Le bébé adore l'eau et c'est l'un des rares moments où il ne hurle pas. Je peux donc tout entendre.

Hina chuchote d'une voix mystérieuse :

— Écoute, ça ne peut pas durer. Tahir ne travaille plus, nous n'avons pas d'argent. Et puis il est devenu impuissant depuis son accident. Les médecins ont dit qu'il n'y avait rien à faire. Qu'est-ce que je vais devenir ?

Papa réfléchit en tortillant sa moustache. Il propose soudain à Hina :

— Écoute ma fille, je vais vous faire divorcer et te trouver un nouveau mari.

Hina baisse la tête. Mon père insiste :

— Tu dois refaire ta vie avec un autre homme. Je suis ton père et je sais ce qui est bien pour toi. Je te trouverai un bon parti.

Un soir, papa revient chez nous, avec sa tête des mauvais jours. Il va s'asseoir près de mon frère Tahir et l'informe d'un ton grave qu'il a décidé de le divorcer de sa femme. Tahir ne répond pas, il ne regarde même pas mon père. Je vois bien qu'il n'est pas d'accord, il aime beaucoup sa femme. Mais il n'a pas le choix, c'est mon père qui décide dans notre famille.

Moi, j'ai bien compris que papa avait un plan depuis le début. Il est ennuyé car Tahir ne peut plus lui payer les 2 000 roupies mensuelles qu'il a négocié pour le marier à Hina. Il va donc revendre Hina à un nouveau mari pour gagner de l'argent.

Il a déjà trouvé un prétendant, un commerçant d'un village voisin qui lui propose 50 000 roupies (500 euros). Mais tout n'est pas si simple. Papa doit d'abord obtenir le divorce de sa fille devant le tribunal ; il va plaider l'invalidité de son mari. Pendant deux mois, il se rend régulièrement à la cour de justice du district.

Un jour, il rentre à la maison avec un grand sourire de satisfaction. Il brandit le précieux document tamponné par le juge, Hina et Tahir sont officiellement divorcés. Papa a eu gain de cause. Il vient s'asseoir près d'Hina dans la cour.

— L'affaire est conclue. Ton futur époux est un homme riche. Tu vivras confortablement.

Les yeux d'Hina s'illuminent. Papa ajoute, en soupirant :

— Seulement, ton nouveau mari ne veut pas prendre en charge tes enfants. Tu devras les laisser ici. C'est Gongui Ma qui s'en occupera.

Hina acquiesce. Elle est d'accord. Papa lui fait miroiter une belle maison avec un homme aisé... alors, ses enfants resteront ici.

Après le divorce officiel, Hina doit encore attendre quatre mois avant de se remarier, selon la tradition islamique. Il faut être sûr qu'elle n'est pas enceinte. Les mois passent et un soir, enfin, le nouveau mari d'Hina vient la chercher. Il n'y aura pas de fête. Ils vont juste signer le contrat de mariage chez le commerçant, et un mollah sera présent pour célébrer religieusement l'union. Hina a préparé sa malle avec toutes ses affaires, elle a plié ses habits, empaqueté ses quelques bijoux. Elle attend en silence.

Papa entre dans la cour avec un vieillard au visage plissé de rides, il marche un peu courbé. Il nous salue d'une voix chevrotante, je comprends à peine ce qu'il dit : il n'a plus une seule dent. C'est le nouveau mari. Hina lui sourit, elle va quitter notre maison, ravie d'aller vivre dans le confort. Ses enfants ont bien compris que leur mère partait pour toujours, ils s'accrochent à sa tunique. Elle les repousse et leur promet de revenir les voir bientôt. Je la vois disparaître dans la rue avec le vieillard. Mes neveux réclament leur mère avec des cris déchirants et je passe la soirée à les consoler.

Les jours se suivent et se ressemblent. Tout va mal chez nous. Mon frère Tahir est parti vivre dans une autre maison, seul. Il est malheureux et en veut beaucoup à papa. Mon autre grand frère, Arif, traverse aussi une mauvaise passe. Il supporte de moins en moins Zeba, qui ne cesse de lui faire des reproches, et le presse de ne plus nous aider financièrement, nous, sa famille. Mon frère en a tellement assez d'elle qu'il se soûle de plus en plus, pour oublier ses contrariétés.

Il disparaît tous les soirs chez des amis. Quand il rentre, tard dans la nuit, il titube jusqu'à sa chambre, en injuriant Zeba et ses beaux-parents, Zubieda et Murtaza, à qui il reproche de vendre leurs filles sans vergogne. Zeba le traite d'ivrogne et l'insulte. Gongui Ma est consternée mais garde le silence. Affalé sur son *tcharpoï*, mon frère s'endort d'un coup. Il ronfle tellement fort que personne ne peut dormir dans la maison. Chaque soir, il dépense tout son profit de la journée pour s'acheter à boire... Au bout de quelques semaines de bringue, Arif est criblé de dettes. Il doit bientôt se résoudre à vendre son hôtel. Adieu, mes seuls moments de liberté à laver des tasses en écoutant les clients raconter leurs histoires.

Depuis cette affaire, Zeba est d'une humeur massacrante. Elle en veut à toute la famille. Elle va même se plaindre chez papa et menace de divorcer elle aussi. Papa est sommé de gérer la crise familiale. Il va le faire à sa façon. Plutôt que de nous aider matériellement, il décide que Salim doit arrêter l'école pour travailler. Il faut bien qu'un homme ramène de l'argent à la maison et pour le moment, ce n'est pas Arif... C'est donc au tour de Salim de faire bouillir la marmite. Mon frère, qui est un brillant élève, va annoncer ce matin à son professeur qu'il ne retournera plus en classe.

L'après-midi, après les cours, mon père a une visite surprise. Salim rentre à la maison accompagné de son professeur. C'est un petit homme alerte, qui porte des lunettes rondes. Il s'assoit confortablement en tailleur sur un *tcharpoï* dans la cour pendant que Gongui Ma lui prépare le thé. Le professeur, sans doute par habitude, égrène ses arguments :

— J'ai appris que vous vouliez enlever votre fils Salim de l'école. Vous savez, c'est mon meilleur élève. Je veux à tout prix qu'il continue ses études.

Papa est ennuyé par cette discussion. Il s'allume une cigarette qu'il achète à la pièce chez le petit marchand de tabac. Il soupire en lissant sa moustache :

— Écoutez, professeur *sahab*, mon fils va aller travailler comme apprenti maçon sur un chantier. Il lui faut un vrai métier. Ces études, cela ne le fera pas manger.

— Vous ne comprenez pas, voyons, vous faites une erreur. Ce serait un énorme gâchis. S'il fait des études, il aura un bon métier plus tard. Il pourrait devenir professeur lui aussi.

— Je vous remercie pour votre gentillesse professeur *sahab*. Mais nous avons besoin d'argent, j'ai tellement d'enfants à nourrir ! se lamente papa, l'air dramatique. Je n'ai pas le choix.

Cela ne sert à rien de discuter. Le professeur repart, dépité. Il tapote le dos de mon frère et lui souhaite bonne chance. Mon frère regrettera toute sa vie d'avoir arrêté l'école. Le soir même, il part sur un chantier avec Arif, qui a repris son métier de maçon pour rembourser ses dettes.

Gongui Ma n'ose pas se plaindre de la décision de papa, elle a peur de lui. Mais le lendemain, quand il revient nous voir à la maison, elle décide de lui dire ce qu'elle a sur le cœur. Mon père a apporté un *biriani*. C'est mon plat préféré ! Je le regarde, l'eau à la bouche, ouvrir le paquet emballé dans du papier gras. Le plat est tout chaud, fumant. Il le dévore devant nous, en aspirant minutieusement chaque os, sans nous en donner une miette.

Gongui Ma prend son courage à deux mains. Elle se lance. Elle dit avec ses gestes à papa que ce n'est pas une bonne décision d'avoir interdit à Salim de continuer l'école. Elle s'énerve. Pourquoi papa ne fait-il jamais rien pour nous ? Il s'occupe bien de la famille de Zubieda. Zubieda, elle n'a pas besoin de travailler ! Papa ne supporte pas qu'on critique Zubieda. Les coups partent immédiatement. Il frappe maman, encore plus fort que d'habitude. Je le regarde, pétrifiée. Il se jette sur elle pour l'étrangler. J'ai peur qu'il la tue. Je hurle.

Zeba est partie s'enfermer dans sa chambre, elle se garde bien d'intervenir. Je supplie papa d'arrêter, je le tire en arrière par sa tunique. Il se relève, hagard, me bouscule et sort de la maison d'un pas furieux. Maman s'assoit péniblement, sa lèvre saigne. Elle tremble de tous ses membres. Je suis révoltée. Je dis à maman que je veux tuer mon père. Gongui Ma me serre contre elle, elle me répond avec ses gestes :

— Tu es une enfant. Tu ne peux rien y faire.

Les jours suivant, je ne reconnais plus ma mère. Elle a perdu toute joie de vivre. En fait, elle n'a plus goût à rien. Elle répète que rien n'ira jamais mieux dans sa vie. Un matin, elle me demande de l'accompagner chez M. Malik. Au lieu de se rendre dans la maison du propriétaire, elle poursuit son chemin et m'entraîne avec elle sur les berges de la rivière Chenab, qui coule à côté de la grande demeure. Elle marche à petits pas, les yeux vides. Quand nous sommes arrivées au bord de l'eau, Gongui Ma me regarde fixement, elle me dit avec ses mains :

— Nous allons nous jeter toutes les deux dans l'eau, comme cela, nous ne souffrirons plus. Ce sera fini.

Je ne comprends pas trop ce qui se passe mais je ferai ce que me dit maman. Soudain, j'entends tonner la grosse voix de M. Malik. Assis sur sa terrasse, il nous a aperçues, tremblantes, en pleurs, sur la rive. Il nous interpelle :

— Vous ne venez pas travailler aujourd'hui ?

Maman s'effondre sur le sol. C'est moi qui réponds à sa place. Je répète à M. Malik ce que maman vient de dire :

— Nous allons nous jeter dans l'eau !

M. Malik me lance un regard surpris, il nous ordonne de venir chez lui. Je tire Gongui Ma par la main. Le propriétaire nous attend dans l'entrée de sa maison, intrigué. Il demande à Gongui Ma :

— Pourquoi votre enfant a dit cela ?

Maman n'ose pas lever les yeux, elle est trop embarrassée. Elle finit par expliquer qu'elle n'en peut plus de subir la violence de mon père et qu'elle veut mourir. Je traduis ses gestes à M. Malik qui m'écoute, en caressant sa moustache. Il propose à Gongui Ma de venir s'installer chez lui dans le quartier des domestiques :

— Si tu ne veux plus vivre avec ton mari, tu es la bienvenue ici avec tes enfants, tu vivras en toute tranquillité avec mes serviteurs.

J'espère qu'elle va accepter sa proposition. Mais Gongui Ma répond qu'elle a trop peur de la réaction de mon père, il serait capable de nous tuer. M. Malik hoche la tête :

— C'est à toi de décider. Si tu préfères rester avec ton mari, je vais t'aider financièrement. Les servantes m'ont raconté que tu dois te débrouiller seule pour nourrir tes enfants.

Il nous sourit et nous tend un billet de 100 roupies. Maman remercie M. Malik, les yeux pleins de larmes. Elle se baisse et lui touche les pieds en signe de respect. Après avoir fini le ménage, nous rentrons toutes les deux, silencieuses, à la maison.

5

Je me suis enfermée dans les toilettes. Je me contemple en cachette avec un petit miroir, dans le rayon de soleil qui passe à travers le toit de tôle ondulée. Je fais la moue en m'examinant sous tous les angles. Je suis une jeune fille de 13 ans maintenant, presque une femme. À présent, je couvre mes cheveux et je rabats un pan de mon voile sur ma poitrine quand je sors de la maison.

Dans le reflet du miroir, je me trouve plutôt jolie. J'ai des yeux en amande, de longs cils, une bouche bien dessinée et une peau claire. Le teint clair, c'est important. Les hommes n'aiment pas les femmes à la peau sombre. Mais je n'ai pas d'amoureux, je suis une fille respectable. Gongui Ma est fière de moi car je suis obéissante et je ne sors quasiment jamais de la maison.

Mes deux sœurs aînées sont parties depuis longtemps. Ma sœur chérie, Farah, a été mariée l'an dernier. Cela m'a déchiré le cœur quand elle nous a quittés. J'ai pleuré en la serrant de toutes mes forces dans mes bras. Mon père l'a vendue pour 50 000 roupies (500 euros) à un habitant d'un village éloigné, un homme qui doit avoir dix ans de plus qu'elle. Il y a eu une fête magnifique que son mari a payée, avec beaucoup d'invités, des musiciens et un grand repas... Mais moi je n'arrivais pas à me réjouir, j'étais trop triste à l'idée d'être séparée de ma sœur. Elle est partie dans le village de sa belle-famille. Et moi, je suis restée toute seule, sans personne pour rire de mes imitations de Zubieda qui sanglote en s'arrachant les cheveux. Maintenant, j'attends ses rares visites avec impatience. J'ai souvent pensé à m'enfuir. Mais pour aller où... une fille ne peut pas vivre seule, sans sa famille. Et puis maman serait bien trop malheureuse.

Je suis en pleine rêverie, en train de rincer la vaisselle, quand un bruit de conversation étouffé attire mon oreille. Le dîner est fini et dans la cour, mon père parle à voix basse avec Zeba. Je surprends des bribes de phrases où mon prénom revient plusieurs fois. Je traverse la cour, les bras chargés de vaisselle, en m'approchant d'eux mine de rien, mais Zeba et papa se taisent quand ils m'aperçoivent. Finalement, papa s'en va sans même m'adresser la parole. Pourtant, j'en suis certaine, c'est de mon mariage qu'il parlait...

Je vais enfin quitter la maison ! Le soir, dans mon lit, je peine à trouver le sommeil, toute à mon excitation. J'imagine déjà le visage de l'homme qui m'emmènera loin d'ici. Ce n'est pas un vieillard sans dents, courbé sous le poids des années. Non. Mon fiancé ressemble à un acteur de cinéma que j'ai vu sur la pochette d'un film dans la boutique de mon frère Tahir. Un homme élégant, avec des sourcils épais, un regard profond, une moustache finement taillée. Je suis sur mon nuage, je traverse en rêve les champs de fleurs de moutarde d'un jaune d'or, les vergers de mangues douces comme le miel. Je m'envole jusqu'à ce village où habite mon bien-aimé.

Le lendemain, je suis à l'affût du moindre signe, de la moindre phrase. En rentrant de son échoppe de fruits, mon père fait un détour par chez nous. Il entre en tortillant sa moustache, un sourire triomphant aux lèvres. En buvant son thé, il m'annonce qu'il m'a trouvé un mari. Un homme d'un autre village, à trois heures de voiture. Il s'appelle Adil, il a 22 ans.

Adil est l'un des cousins éloignés du mari de Farah. Ses parents lui cherchent une épouse et le beau-père de Farah leur a parlé de moi. Papa me raconte que le père d'Adil est venu lui rendre visite au bazar. Ils ont bu du thé, ils ont discuté. Papa lui a vanté mes qualités et a fait une offre. Le père d'Adil est reparti en promettant qu'il allait réfléchir. Ce matin, il a rappelé. La négociation s'est semble-t-il bien passée puisque papa est rayonnant. Il me glisse avant de partir qu'Adil va bientôt venir nous rendre visite.

Selon la tradition, ce sont les parents qui choisissent les époux de leurs enfants, et ces derniers doivent se plier à leur volonté. Comme moi, Adil n'a sans doute pas eu son mot à dire. En général, les parents choisissent soigneusement le futur conjoint, ils ne marient pas leur enfant à un individu mais à un clan, c'est une alliance stratégique. Il faut que la belle-famille soit d'un statut social au moins équivalent, qu'elle ait bonne réputation... En ce qui me concerne, je suis sûre que mon père a surtout cherché, comme d'habitude, le plus offrant. J'apprendrai plus tard qu'il a réclamé 40 000 roupies (400 euros) au père d'Adil. Il m'a donc vendue. Mais de toute façon, les mariages d'amour, cela n'arrive que dans les films que je regarde à la télévision.

Zaira, notre voisine, nous a rejoints et en profite pour nous raconter l'histoire d'une jeune fille de son village natal qui s'est enfuie avec son amant. Ils sont partis se marier secrètement à Lahore, la capitale de notre province. Gongui Ma et Zeba claquent leur langue, en signe de désapprobation.

— Maintenant, la famille de la fille les cherche partout, s'écrie Zaira. Si jamais elle les retrouve, ils risquent la mort, ils ont déshonoré leur clan ! Cela va finir en *karo-kari*, le crime d'honneur.

Zeba n'est pas d'accord :

— Cela dépend des familles, certaines essaient d'arranger les choses. Les parents peuvent quand même faire appel au *panchâyat*, le conseil des anciens du village, pour régler ce genre d'histoire.

— Ce sont toujours nos aînés qui ont le dernier mot, convient Zaira. Parfois, ils décident d'accepter le mariage. Parfois, ils prononcent la peine de mort. Et les hommes de la famille doivent se charger d'accomplir la sentence...

Maman me fait signe de ne pas écouter ces histoires. Moi, je ne pense qu'à Adil. Il va bientôt venir à la maison et l'angoisse me tenaille déjà le ventre.

Les jours passent. La nuit, je rêve de ma nouvelle famille. Elle ne peut pas être pire que la mienne de toute manière. Mais je réalise aussi que je vais être séparée de mon frère et de ma mère. L'idée de plonger dans l'inconnu, loin des lieux familiers de mon enfance et des gens qui m'aiment commence à m'inquiéter. C'est terrifiant. D'autant que l'enthousiasme de Gongui Ma semble s'émousser. On dirait qu'elle a peur pour moi.

C'est vendredi aujourd'hui, le jour de la visite tant attendue d'Adil. Je me suis lavée fébrilement ce matin avec un seau d'eau froide dans la cabane des toilettes. J'ai mis une tunique propre et j'ai brossé mes cheveux avec soin. J'attends, incapable de rester assise. Je tourne en rond ; je balaie la cour pour la deuxième fois. Une bouffée d'angoisse m'envahit. J'ai reconnu la voix de mon père dans la rue. Je retiens mon souffle. Il passe enfin la porte de la maison, accompagné d'un jeune homme.

C'est Adil. Je l'observe à la dérobée. Il a le visage fin, encadré de cheveux épais peignés avec de l'huile de moutarde pour les rendre brillants. Sa moustache courte forme un arc de cercle au-dessus des lèvres et ses grands yeux noirs pétillent, comme je l'imaginais. Adil est très poli, il salue mes frères et va s'asseoir sur un lit de corde. Je ne dois pas le fixer droit dans les yeux pour montrer que je suis une fille bien élevée.

Lui, il fait semblant de ne pas me regarder, mais il me jette des coups d'œil en douce. Cela me trouble terriblement. Il discute avec mon père. Il a apporté des bracelets colorés pour moi et des sucreries pour mes parents. Zeba en profite pour lui réclamer d'autres cadeaux, elle lui demande même d'acheter du shampoing pour nous la prochaine fois. Le shampoing, c'est un produit de luxe, ça coûte cher. Mais quelle peste… J'ai honte de ma belle-sœur.

J'apporte du thé et des morceaux de sucre de canne sur un plateau, en gardant les yeux baissés. Adil converse quelques minutes avec mes frères. Il avale son thé et nous annonce qu'il ne peut pas rester plus longtemps. Il doit acheter des sacs de semences de blé pour les champs de son père. Il nous salue tous très poliment avant de partir, emportant avec lui tous mes espoirs… Je suis déjà amoureuse de lui. Mon père le raccompagne à la porte. Il est très enthousiaste et me répète qu'il m'a trouvé un bon parti. Pour mon père, cela veut dire un futur gendre qui va payer de quoi l'entretenir quelque temps.

Mon père passe beaucoup de temps au téléphone les jours suivants. Il doit organiser la cérémonie de mariage avec la famille d'Adil. Nous allons célébrer le *niqa,* la signature du contrat, la première étape du mariage. Après le *niqa*, il y a le *ruksati,* une cérémonie qui se déroule chez la famille de la mariée, puis le *walima,* qui célèbre l'arrivée de la mariée dans sa belle-famille. Ma famille et celle d'Adil ont invité plus d'une centaine de personnes. Il faut acheter toute la nourriture et les boissons pour les recevoir. Cela coûte cher, mais mon père a bien négocié, c'est ma belle-famille qui paye tout.

Ce matin, c'est le grand jour. Je n'ai pas dormi de la nuit. Toute la journée, ma mère et mes sœurs me préparent pour le *Mendi,* la fête du henné, qui aura lieu ce soir. Ma mère m'a enduit les cheveux d'huile de moutarde et les a démêlés avant de les tresser dans une natte de tissu. Ensuite elle m'a frotté tout le corps avec de la *multani mud,* une pâte d'argile qui rend la peau très douce. Puis elle m'a aidée à m'épiler les aisselles, les jambes et le pubis.

Je revêts une robe jaune d'or et un voile assorti, la couleur traditionnelle du *Mendi,* que nous a prêtés Zaira. Vient ensuite l'étape du maquillage – il faut en mettre beaucoup pour embellir le visage de la mariée. Mes vieilles tantes surveillent l'opération. Elles me donnent des conseils pour la nuit de noces et pour ma vie conjugale.

— Il faut que tu sois obéissante avec ton mari, tu dois faire preuve de patience ! Laisse-le faire quand il voudra coucher avec toi.

Une autre renchérit :

— L'important quand tu seras dans ta nouvelle famille, c'est de bien t'entendre avec ta belle-mère, tu dois être serviable et aimable avec elle.

Dans la soirée, nous célébrons enfin le *Mendi*. Toutes les filles de ma famille se réunissent chez Gongui Ma. Elles sont une vingtaine, vêtues de leurs plus belles robes, couvertes de bijoux, maquillées comme des princesses. Les vieilles dames dévorent des plats de riz sucré au safran, une épice coûteuse qui est utilisée pour les plats de fête. Je n'en mène pas large. Heureusement, Farah est là. Elle me rassure :

— Ton fiancé Adil a bonne réputation, c'est un homme aimable et tu seras sûrement très heureuse avec lui.

Avec mes autres sœurs, elle me décore délicatement les mains et les pieds avec du henné. Je m'agite sur ma chaise. Farah me sermonne : je ne dois pas bouger sinon les dessins vont être ratés. Cela met un temps fou à sécher... Il faut que le henné prenne une teinte foncée. C'est un bon présage, cela veut dire que la future mariée sera aimée de sa belle-mère.

La voisine nous a aussi prêté un magnétophone qui diffuse des chansons rythmées à pleins décibels. Immobile comme une statue, je regarde les femmes qui dansent lascivement, les bras en l'air, elles dessinent des courbes en remuant les hanches, comme dans les films de Bollywood. Mes nièces sont déchaînées, elles courent dans tous les sens. J'avais tellement espéré ce moment et voilà que j'ai une boule dans la gorge et le cœur serré par l'angoisse.

Nous attendons l'arrivée de la famille d'Adil. Ils ont voyagé tous ensemble dans le même bus et débarquent en groupe à la maison. Les femmes nous rejoignent dans la cour, devancées par ma future belle-mère, une petite dame fluette, habillée d'une tunique dorée. Je la salue respectueusement. Elle m'embrasse et décrète qu'elle me considère déjà comme sa propre fille. Mes belles-sœurs se présentent à leur tour. Je n'arrive pas à retenir tous les prénoms, j'essaie de mémoriser leurs visages. Elles me disent qu'elles ont hâte que je vienne vivre avec elles au village, je suis désormais leur sœur.

J'ai la tête qui tourne avec tout ce monde. Les femmes s'assoient et se lancent dans un concours de chansons traditionnelles. Celles de ma famille entonnent un refrain comique, elles raillent mon futur mari. Puis c'est au tour de mes belles-sœurs de répondre sur le même ton, en plaisantant sur nous. Je ris de bon cœur tout en guettant la silhouette d'Adil dans la rue. Je l'aperçois avec son père, un homme âgé coiffé d'un grand turban blanc.

Adil est vêtu d'une tunique blanche très élégante, il porte une coiffe traditionnelle et des guirlandes de fleurs autour de son cou. Les hommes se dirigent vers des tentes, dressées dans un champ à proximité de notre maison. C'est là que se déroule le *Mendi* d'Adil. Les hommes vont aussi danser entre eux, écouter de la musique et se régaler.

Le henné a enfin pris. J'enlève les croûtes séchées sur mes mains et mes pieds, Farah frotte les dessins avec de l'huile et du jus de citron pour que les pigments s'imprègnent bien. Mes paumes et mes pieds sont décorés de courbes et de lignes orangées, le résultat est magnifique. Un heureux présage, ma belle-mère me portera dans son cœur... Tard dans la nuit, nous allons enfin nous coucher. La maison est pleine, les invitées dorment dans la cour sur des nattes et des *tcharpoïs*.

Le lendemain matin, je dois me préparer pour la cérémonie du *niqa*. Pour cette fête, il y aura plus d'une centaine d'invités. Zubieda, serrée dans une robe à paillettes, me fait signe de l'accompagner dans ma chambre. Elle m'a apportée la tenue de *niqa* qu'on ressort pour chaque cérémonie. C'est la robe qu'ont portée mes demi-sœurs et mes cousines. Elle est usée mais cela ne se voit pas trop. Zubieda me la dépose sur le lit puis déballe des petits paquets de papier. Elle en sort des bijoux dorés, des colliers, des bracelets et des boucles d'oreilles... Lorsque je la remercie, elle me prévient sèchement qu'elle veut les récupérer immédiatement après la fête. Elle m'ordonne de me dépêcher.

Farah m'aide à enfiler la nouvelle tenue, une épaisse jupe brodée et une chemise couleur pourpre. Ma sœur m'enveloppe ensuite d'un grand voile rouge bordé de fil doré. Elle fixe un pendentif sur mon front grâce à des épingles glissées dans mes cheveux et me rajoute du maquillage. Satisfaite de son œuvre, elle me tend un petit miroir. Mon reflet est surprenant. J'ai l'impression de voir une autre femme. J'ai les lèvres vermeilles, les yeux allongés d'un trait noir, le visage couvert de poudre blanche pour éclaircir le teint. Farah m'assure que je suis superbe. Elle m'accompagne dehors en me tenant la main.

Je m'assois dans la cour, entourée par les femmes. L'échange des consentements se fait séparément, selon la tradition. Le mollah a déjà obtenu celui d'Adil quelques minutes plus tôt, dans le chapiteau où sont les hommes. À présent c'est mon tour. Le mollah entre chez nous à petits pas et s'assied sur une chaise près de moi. Il porte une longue barbe grise et d'épaisses lunettes rondes. À force d'incliner sa tête contre le sol pour les prières, son front est orné d'une petite bosse. Le mollah récite une prière. Il me demande si je suis d'accord pour me marier. J'acquiesce d'une voix tremblante. Il me présente le contrat. Comme je ne sais pas écrire, je trempe la première phalange de mon index dans un encrier et je signe avec mon empreinte digitale. Adil a fait de même sur le document. Ça y est, je suis sa femme !

Accompagnée de mes proches, je marche comme une somnambule, la tête baissée sous le voile qui dissimule mon visage, jusqu'au chapiteau dressé dans un champ près de la maison. Nous atteignons la grande tente ornée de guirlandes de fleurs. Mes frères tendent à bout de bras une pièce de tissu écarlate au-dessus de ma tête lorsque j'entre. Les invités sont assis sur des chaises en plastique et je m'installe face à eux sur une petite estrade avec Adil. Je sens qu'il est aussi tendu que moi. Je suis tellement émue que ma vue se trouble.

Les proches défilent devant nous, ils viennent chacun leur tour nous mettre un morceau de sucrerie dans la bouche pour nous souhaiter un mariage heureux. Ils nous offrent des cadeaux, qu'ils déposent sur une table près de l'estrade, de la vaisselle, des couverts, des verres, des vêtements, des produits de beauté, des objets pour la maison...

Le soir même, dans le chapiteau, nous célébrons le *ruksati*. C'est l'heure du repas tant attendue par les invités. Ils se pressent autour des plats fumants disposés sur un buffet. Les hommes et les femmes s'installent avec leur assiette pleine à des tables séparées. Tout le monde se jette sur la nourriture avec avidité, il y a du *halim*, une pâte lisse composée de viande, de farine et de lentilles avec des épices. Du *korma*, un curry de poulet avec du yaourt, et mon préféré, le *biriani*. Et comme dessert, de la *halwa*, un mets très nourrissant concocté avec de la semoule, du sucre, du beurre, des noix et orné de sucreries dorées. Du *savaya*, des vermicelles, cuits dans du lait avec du sucre, décorés de fruits secs. Du *kiir*, du riz au lait sucré, avec de la cardamome. Je suis incapable d'avaler quoi que ce soit.

La fête bat son plein, des musiciens, vêtus de tuniques scintillantes, jouent de la musique traditionnelle, assis sur l'estrade près de nous. Puis des comédiens itinérants viennent égayer la soirée. Ils entonnent des chansons comiques qui moquent les politiciens et les seigneurs féodaux. Ils racontent des plaisanteries et jouent des sketchs qui font rigoler toute l'assistance. La soirée passe comme dans un rêve. Je suis une femme mariée. Je vais être envoyée chez mon nouvel époux. Demain, je partirai pour toujours dans ma belle-famille.

6

La chaleur est suffocante. Une odeur de sueur et de graisse s'exhale des passagers du minibus. J'essaie d'ouvrir ma fenêtre mais elle est cassée. L'autoradio, en revanche, fonctionne plutôt bien. Il répète la même cassette depuis le début du voyage, à plein volume. Cela fait une bonne heure que nous roulons. Un chapelet en plastique marron se balance, suspendu au rétroviseur. Mes trois sœurs, assises sur la même banquette, sont à moitié assoupies. Leur tête dodeline à chaque soubresaut. Ce matin, j'ai quitté pour la première fois la maison de mon enfance. Maman n'a pu retenir ses larmes quand nous sommes montées dans le véhicule mais le chauffeur s'impatientait.

— Allez-y mesdames, en voiture, il y a trois heures de trajet devant nous !

J'ai vu maman devenir toute petite au loin devant sa maison.

À présent, nous sommes en route pour le village de ma belle-famille. Le paysage défile par la fenêtre. La terre est rouge sang, parsemée de petites oasis de palmiers verts où se balancent des grappes de dattes. Les cheminées des briqueteries dégagent une odeur de terre brûlée. Je m'essuie le visage avec mon voile. Le ruban goudronné de la route file au milieu des champs dorés de moutarde. Des paysannes vêtues de tuniques rouges et roses étincelantes sous le soleil arrachent les mauvaises herbes dans les potagers de tomates et de concombres, d'autres, pliées en deux, coupent de grandes brassées d'herbes hautes dans les pâturages.

Le chauffeur raconte des blagues grivoises à l'un des passagers, ils éclatent tous les deux d'un rire gras. Je suis gênée, je n'aime pas entendre parler de ces choses-là. Hier soir, Adil est venu dormir avec moi. C'était ma nuit de noces, mais Zeba s'était couchée sur un *tcharpoï* dans ma chambre. Je suis sûre qu'elle l'a fait exprès pour nous embêter. Mais du coup, il ne s'est rien passé. Ce matin, ma grande sœur Mariam m'a ordonné d'aller prendre un bain, comme on doit le faire après avoir eu une relation sexuelle, pour se purifier. Ma sœur m'a demandé comment s'était passée la nuit, j'ai marmonné quelque chose. Je n'ai pas osé lui dire que j'étais encore vierge et je suis allée me laver. Adil et sa famille sont repartis très tôt ce matin.

Le minibus file à vive allure. Plus loin, nous traversons des vergers de manguiers, ces arbres larges et bas, ornés de grandes feuilles vertes. Des femmes qui ploient sous d'énormes fagots de cannes à sucre chargent sans relâche de robustes camions. Leurs enfants sont juchés sur la précieuse cargaison. Les monstres de métal partent ensuite livrer les usines d'extraction du sucre. Ils occupent toute la largeur de la route, ce qui énerve notre chauffeur. Il ne peut pas les doubler, il faut rouler au ralenti. D'après mon père, la canne à sucre est devenue le produit le plus rentable ces dernières années, certains propriétaires abandonnent même le coton, la culture traditionnelle de notre région, à son profit.

Le chauffeur rouspète, il klaxonne comme un fou. Nous sommes bloqués par un tracteur qui tire à grand-peine une remorque chargée d'une gigantesque meule de foin, comme un ventre obèse posé sur de petites roulettes. Sur le bord des champs, les paysans ont creusé des mares où l'on élève des poissons. C'est un mets délicat et coûteux. On les mange panés et frits dans l'huile. Je n'en ai goûté qu'une fois lors d'un mariage. Je n'ai pas trouvé cela très bon : le poisson avait un goût de terre et il était rempli d'arêtes.

Le bus ralentit à l'entrée d'un village pour prendre de nouveaux passagers. Sur le bord de la route, de jeunes infirmes en profitent pour toquer aux fenêtres du minibus et réclamer l'aumône. Le chauffeur leur lance de la menue monnaie, il déclare que cela va lui porter chance pour le reste du trajet.

Nous quittons les abords de la petite ville. Les paysans se déplacent dans des carrioles tirées par des ânes qui trottinent. Leurs sabots fatigués claquent sur le goudron. Un chameau, au pas lent et mesuré, traîne un chariot de bois. Des camions multicolores déboulent à vive allure, ils tentent de doubler tout le monde en zigzaguant entre les véhicules. Je sursaute. Notre bus a fait une embardée. Il a manqué de renverser un homme sans jambes, qui se déplace au milieu de la route dans une chaise roulante actionnée par une manivelle. Il n'a pas eu le temps de s'écarter sur le bas-côté. Mais nous ralentissons de nouveau. Un troupeau de bœufs s'est égaillé entre les véhicules. Le trafic s'arrête.

Je m'endors, en maudissant cette fenêtre qui ne s'ouvre pas. Quand je me réveille, nous traversons une autre ville. Quelques femmes revêtues de burqas blanches ou noires en forme de cloche font leurs emplettes parmi les étalages de légumes frais. Un boucher, assis en tailleur sur une estrade de bois, hache de la viande de mouton. Les carcasses accrochées en plein air devant sa boutique sont couvertes de mouches. Les *rickshaws*[1] bleu et vert pétaradent et crachent une fumée lourde d'huile.

Dans le bazar, les façades en bois sculpté des vieilles demeures disparaissent derrière des amas de fils électriques. À la sortie de cette ville, nous continuons un bon moment sur une piste de terre. Le chauffeur se retourne enfin vers nous. Il nous indique que nous sommes arrivées. J'aperçois l'entrée de mon nouveau village. De petites maisons de terre ocre se dressent entre les champs de blé. Sur leurs murs sèchent des bouses de buffles aplaties. Il règne un calme impressionnant après le vacarme de la route et des Klaxon.

Un groupe d'enfants qui jouait à l'entrée du hameau poursuit notre véhicule en poussant des cris de joie. Ce sont les neveux d'Adil. Ils indiquent le chemin au chauffeur à travers les ruelles. Dans le bazar, tous les habitants nous dévisagent avec curiosité, ils savent sans doute qu'Adil attend sa nouvelle épouse. Le van continue sa route sur un étroit chemin de terre cabossé qui serpente entre des champs verdoyants. Tout au bout, il tourne à

1. Tricycles à moteur.

droite devant une maison de pisé. Nous devons descendre ici, le véhicule ne peut pas aller plus loin.

À peine ai-je mis un pied à terre que je suis immédiatement assaillie par la famille d'Adil. Une petite troupe surexcitée qui se presse devant le bus. Il y a tous mes beaux-frères et leur famille, les tantes, les oncles, les cousins, et une ribambelle d'enfants qui courent dans tous les sens. Les femmes m'attrapent et me passent des colliers de fleurs de jasmin autour du cou. Adil et l'un de ses frères sortent ma malle du coffre.

Les enfants forment un cortège, et nous marchons encore quelques dizaines de mètres sur un sentier bordé d'étroites maisons. Au bout du chemin, nous arrivons dans une cour. Les parents d'Adil nous attendent. Je reconnais la petite dame fluette et le vieil homme au turban blanc. Ils nous saluent toutes chaleureusement. Je meurs de soif et je réclame à boire. Une de mes belles-sœurs nous sert de l'eau fraîche dans de grandes timbales.

Kirane, la mère d'Adil, me tire par le bras. Elle veut me faire visiter la maison. C'est une petite construction en brique, surmontée d'un fronton en pierre sculpté de feuillages. Le toit est soutenu par trois colonnes à la base arrondie en forme d'amphore. La demeure consiste en deux petites pièces de ciment nu, avec chacune une fenêtre, protégée de barreaux en fer, qui donne sur la cour. La pièce de gauche est celle de mes beaux-parents et l'autre sera pour Adil et moi.

Ma chambre est meublée de deux lits de cordes et d'étagères sur lesquelles sont joliment disposées des assiettes en métal et des timbales. Au-dessus, des images colorées représentent La Mecque et le Coran, dont le pourtour est décoré de colombes et de fleurs. Deux autres posters sont affichés sur le mur du fond, une photo de mannequin vêtue d'une robe de mariée, dans une pose alanguie, et une publicité pour un savon, avec une mère et sa fille. La pièce est propre et bien tenue, sans doute l'ont-ils nettoyée avec soin pour mon arrivée.

Dans la cour, devant ma chambre, un grand silo à grain est installé contre le mur. À côté, il y a une petite niche en pisé qui abrite des poules. Il n'y a pas de toilettes. Les villageois se soulagent dans les champs. Pas d'électricité non plus, et pour se laver il faut aller à la pompe à eau près du cimetière. Au-delà de la cour, ce sont des champs, irrigués par des canaux, et des pâturages à perte de vue. Quelques chèvres et un bœuf sont attachés par des cordes à une mangeoire. L'atmosphère est paisible, sereine.

Ma belle-mère Kirane me présente ensuite à toute la famille d'Adil. Ils vivent les uns à côté des autres, dans des habitations d'une seule pièce. Juste à côté de chez Adil, c'est la maison de Javed, un cousin, et celle de Fawad, l'un des grands frères d'Adil, et de sa femme Shirin. Ils ont quatre enfants. De l'autre côté vivent les trois autres frères d'Adil et leur famille, ainsi que des tantes, des oncles et des cousins. Et derrière ma maison, à quelques dizaines de mètres se trouve le cimetière du village. Ses tombes arrondies sont ombragées par des bosquets d'arbres épars.

Nous rentrons chez Adil. Les femmes cuisinent dans la cour, sur un petit foyer alimenté par les bouses de buffle. Le repas est excellent, des pommes de terre et de la viande de bœuf haché.

Je tente à nouveau de retenir les noms de chacun, je vais devoir me repérer rapidement dans ce tumulte de nouveaux visages. En tout cas, le village me plaît. Je m'y sens bien et je crois que je vais enfin être heureuse. J'ai tout de même du mal à réaliser que je vais passer le reste de mes jours ici.

Adil est très occupé par les préparatifs : le soir, il y a de nouveau une grande fête, le *walima*, qui célèbre l'arrivée de la jeune mariée dans sa nouvelle famille. Je revêts une robe cramoisie que me prête Kirane, avec un voile assorti qui me couvre la tête et retombe sur les côtés. Tout le village s'est rassemblé dans un champ devant la maison des parents d'Adil. Des musiciens en tenue orange chatoyante, coiffés d'un turban de la même couleur, fourbissent leurs instruments, des *dhôls*, de grands tambours qui se portent en bandoulière... Grâce à un groupe électrogène qui rugit et hoquette dans la nuit, des guirlandes d'ampoules illuminent la cour.

Je suis étonnée car les hommes et les femmes ne sont pas séparés, ils mangent et ils dansent côte à côte. Pendant le repas, mon beau-père propose aux invités de payer 20 roupies pour ceux qui veulent voir le visage de la mariée ! Une tradition amusante, je me cache avec modestie sous mon voile rouge bordé d'un ruban doré, tandis que certains lancent les billets à mes genoux. Je suis la reine de la fête, apprêtée et vêtue comme une princesse... Toute la famille me fait honneur.

Mes sœurs se livrent à une plaisanterie courante lors des mariages : elles volent une chaussure d'Adil et lui réclament de l'argent pour qu'il la récupère. Il leur tend une poignée de billets en riant. L'un des frères d'Adil décide de faire la même chose avec moi. Mais je n'ai pas d'argent, je suis arrivée ici les mains vides. Mon beau-frère ne comprend pas, il est déçu. La fête bat son plein et se termine tard dans la nuit.

Je vais passer ma deuxième nuit avec mon mari. Cette fois-ci, dans ma nouvelle chambre, je deviens vraiment la femme d'Adil. Le lendemain matin, mes sœurs repartent au village. J'ai le cœur serré. À présent, je vais me retrouver seule. Mes sœurs me souhaitent bonne chance et elles promettent de venir me rendre visite bientôt. Leur minibus s'éloigne sur la route en soulevant des traînées de poussière. Je fais désormais partie d'une autre famille, je vais commencer une nouvelle vie.

Je rentre chez moi à pied avec Adil. Je ne me repère pas encore très bien à travers les ruelles. Mon mari me désigne les demeures en nommant chaque habitant. À la maison, ma belle-mère Kirane m'attend. Son sourire de la veille a disparu. Elle m'interroge :

— Naziran, pourquoi tu n'as pas donné d'argent à ton beau-frère hier soir ?

Je bredouille que mon père ne m'a rien donné avant de partir, ni argent ni cadeaux. Je suis mal à l'aise, je vois les visages qui se ferment. Adil reste silencieux. L'euphorie de la fête est vite retombée.

Le cauchemar commence dès le deuxième jour. Ma belle-mère Kirane a complètement changé d'attitude. Elle ne cesse de me faire des réflexions désagréables. Dès le matin, pendant le repas, elle se montre glaciale.

— Une jeune mariée doit arriver les bras chargés de cadeaux pour sa belle-famille. Et toi tu n'as rien apporté ! Nous t'avons pourtant fait honneur en préparant une grande fête !

Je réponds, les yeux baissés sur ma tasse de thé :

— Je suis désolée, chère mère, c'est la faute de mon père, il ne m'a pas donné d'argent.

Kirane secoue la tête :

— Ton père n'a aucune considération pour nous. Il ne nous respecte pas !

Elle jette un regard aux autres qui acquiescent. Adil se garde de prendre ma défense.

— Très bien, si c'est comme cela, mets-toi au travail ! Aujourd'hui, tu vas nettoyer la maison ! ordonne Kirane. Nous avons payé assez cher pour t'avoir, maintenant tu as intérêt à te rendre utile !

Dans mon village, j'ai souvent entendu mes voisines raconter des histoires sur leurs belles-mères. D'après elles, les belles-mères passent leur temps à se plaindre de leur bru qui n'a pas apporté la dot escomptée, ou qui est lente et paresseuse. C'est le lot des jeunes mariées, semble-t-il. Ma sœur Mariam avait même une théorie là-dessus : elle disait que les belles-mères prennent ainsi leur revanche. Quand elles étaient jeunes mariées, elles ont aussi été persécutées par leur belle-famille. Alors, une fois vieilles et respectées, elles profitent de leur position de force pour humilier les nouvelles venues.

Pourtant lors des fêtes du mariage, Kirane se montrait très aimable avec moi, elle m'appelait « sa chère fille », elle prétendait qu'elle avait hâte que je vienne vivre avec elle. Mais je me rends compte que cette vieille femme menue est un vrai tyran. Et ses enfants lui obéissent. Je dois supporter la loi du clan. Nous vivons en famille, tout le monde se surveille et se mêle des affaires des autres. Mes beaux-frères me lancent des regards hautains, l'un d'eux m'interroge avec mépris :

— Alors ton père a récupéré notre argent et toi tu ne nous donnes rien ?

Le seul qui soit gentil avec moi ici, c'est le père d'Adil. Comme la plupart des vieillards, il porte sur ses épaules une fine couverture. C'est le patriarche du clan. Il me considère un moment avec douceur et murmure :

— Tu ne dois pas t'en faire, tu vas t'habituer à vivre ici.

Après le repas, je range la maison puis je vais me réfugier dans ma chambre, j'ouvre mes bagages. Je n'ai pas grand-chose. Quelques vêtements soigneusement pliés dans mon coffre, des affaires de toilette, et deux bracelets en or qu'Adil m'a offerts lors du *niqa*. Je me sens misérable. Je commence à comprendre pourquoi ma mère avait peur. Elle savait que j'aurais des ennuis parce que je n'avais pas de dot.

Mais le pire, c'est mon mari. Toute la journée, il me parle avec froideur, et seulement quand il y est obligé. Ce soir-là, je l'attends dans ma chambre pendant des heures. Il ne me rejoindra pas.

7

Je travaille sans relâche du matin au soir. Cela devient la routine. Le matin, je me lève vers quatre heures, je fais mes prières et je prépare le petit déjeuner, du thé que l'on fait bouillir sur le feu dans la cour et des galettes de pain. Je vais ensuite à l'étable, en face de la maison, pour traire la vache et les deux chèvres. Je remplis de grands récipients de lait frais que je dépose ensuite dans la maison, à l'ombre. Le laitier viendra les chercher plus tard sur sa moto.

Puis je marche le long d'un petit canal pendant quelques dizaines de minutes, je coupe de l'herbe fraîche dans un champ avec une machette. Je ramène de lourdes brassées pour nourrir les bêtes. Après, je ramasse les œufs des poules. Je nettoie le petit poulailler de la cour et je remets de la paille propre pour les volailles. Je récupère ensuite les habits sales de toute la famille pour les laver dans un grand baquet à la rivière.

À huit heures, quand j'ai fini ces corvées, je vais travailler dans les champs de blé ou dans le potager. Ensuite, avec les femmes, nous rentrons à la maison préparer le déjeuner. C'est souvent moi et Rubina, une des sœurs d'Adil, qui nous chargeons du repas. J'aime beaucoup Rubina, elle me considère comme une sœur, et nous sommes devenues proches. Nous cuisinons souvent des lentilles ou des choux-fleurs cuits dans l'huile de coton, accompagnés de galettes de pain.

Quand le repas est prêt, nous envoyons un enfant dans les champs pour prévenir les hommes. Après avoir mangé, nous allons ramasser du bois. Il faut trouver des branches bien sèches pour le feu. Cela prend tout l'après-midi. Nous rentrons à la maison avec nos fagots et nous cuisinons le dîner. Ensuite, je vais me coucher, épuisée, le corps rompu de fatigue. Il fait à peine nuit. Adil ne vient toujours pas dormir avec moi.

Ce soir, il vient se changer dans la chambre après le dîner, sans m'adresser la parole. Je le regarde enfiler sa tunique. Il faut que je me décide à lui parler. Je lui demande d'une petite voix ce qui ne va pas. Il se retourne, l'air exaspéré. Je me recroqueville dans mon lit. Mon mari se montre irritable et agressif. Il m'a déjà giflée une fois car je n'avais pas rangé correctement ses vêtements. Au début, je pensais qu'il était fâché parce que je n'ai rien apporté pour sa famille quand je suis arrivée. Mais son comportement est étrange. Adil s'assoit sur son lit de corde et m'observe froidement. Il me lance :

— Tu veux vraiment savoir la vérité ? Je suis amoureux d'une autre femme. Je ne voulais pas t'épouser, c'est mon père qui a organisé ce mariage. Toi, tu ne m'intéresses pas !

Ces mots me transpercent le cœur. Mon mari a une maîtresse. Il ne m'aime pas. Il ne m'aimera jamais. J'ose pourtant lui demander d'une voix tremblante qui est cette fille. Il me répond :

— Elle s'appelle Shanaz.

Il fouille dans une boîte sur l'étagère et en sort une photo glissée dans une pochette plastique.

— Regarde comme elle est jolie !

Mon sang ne fait qu'un tour. Je reconnais l'une des voisines que je croise de temps en temps dans le village, une jeune fille au regard fuyant. Elle n'est pas très jolie.

— Alors pourquoi tu ne t'es pas marié avec elle si elle te plaît tant ?

Adil marmonne que ses parents n'aiment pas trop Shanaz. Ils la considèrent comme une traînée qui couche avec tous les hommes du village…

— C'est donc elle que tu vas rejoindre le soir ?

Adil quitte la pièce sans me regarder.

J'ai l'impression que la terre s'effondre sous mes pieds.

Dans la journée, je prends mon courage à deux mains et je vais voir Shanaz. Je l'aperçois, accroupie dans sa cour, occupée à plumer une volaille.

Je la salue. Elle semble surprise de me voir. Je jette un coup d'œil autour de nous. Il n'y a personne pour nous entendre, juste des enfants qui s'amusent à poursuivre les poules. Je me plante devant elle et lui annonce que je suis au courant pour elle et Adil. Elle ne perd pas contenance et me toise froidement, avec un sourire narquois :

— Tu sais, Adil sera mon amour pour toujours, c'est toi qui dois partir ! Tu vois bien que tu n'as aucune chance avec lui.

Je rétorque, d'une voix que je voudrais impassible :

— C'est mon mari maintenant, il est à moi, tu dois le laisser tranquille !

Je pars en courant. Maudite fille. De grosses larmes roulent sur mes joues. Sur le sentier de terre avant d'arriver chez moi, je m'essuie le visage avec un pan de mon voile pour que personne ne remarque que j'ai pleuré. J'essaie de faire bonne figure devant Rubina qui m'accompagne ramasser le bois mais je repense sans arrêt à cette visite chez Shanaz. Mon esprit est ailleurs. J'ai hâte d'être en tête à tête avec Adil, pour enfin m'expliquer avec lui.

J'attends la fin du dîner. Obnubilée par cette histoire, je réponds à peine quand on m'adresse la parole. Nous nous retrouvons enfin tous les deux dans la chambre. Je prends une grande inspiration. Je raconte à Adil que je suis allée voir Shanaz et que j'ai exigé qu'elle ne s'approche plus de lui. Je serre les dents en attendant la réaction d'Adil. Il est un peu étonné, mais il hausse les épaules en souriant. Il me répond enfin :

— Shanaz et moi, on se connaît depuis toujours et nous nous aimerons toute notre vie. En fait, tu vois, c'est simple, on ne peut pas vivre l'un sans l'autre !

Je hurle que s'il ne m'aime pas, je préfère encore mourir. Alertée par les cris, ma belle-mère Kirane se précipite dans notre chambre. Elle a les traits tirés et nous demande ce qu'il se passe d'une voix endormie. Adil se calme immédiatement et garde le silence. En larmes, j'explique à Kirane toute l'histoire, l'amour secret d'Adil, ma visite chez Shanaz, Adil qui m'annonce qu'il aimera toujours cette fille… Kirane a surtout peur des commérages, elle m'assure que cela va s'arranger. Elle sermonne son fils devant moi, elle lui répète qu'il a intérêt à bien me traiter. Nous sommes mariés et je suis sa femme désormais. Puis elle retourne se coucher dans sa chambre. Adil enrage en silence, il sort et va dormir dehors sur un lit de corde. Il me laisse seule.

Les jours suivants, Adil m'insulte dès qu'il en a l'occasion. Il me répète que je suis une mauvaise femme et que je vais lui attirer des ennuis. Kirane me surveille aussi en permanence. Je ne peux même pas me confier à Rubina, c'est une sœur d'Adil, elle prendra son parti. La seule à qui je pourrais raconter mes malheurs est une cousine éloignée de ma famille qui habite quelques maisons plus loin. Elle s'appelle Roxana ; je ne la connais pas très bien, mais peut-être qu'elle m'écoutera.

Je vais lui rendre visite un après-midi. Roxana habite avec son mari chez sa belle-famille. C'est une belle jeune femme au visage fin et aux cheveux bouclés d'une vingtaine d'années. Elle m'accueille avec joie et me propose à voix basse de l'accompagner chercher du bois. Il nous faut un prétexte pour nous éloigner des oreilles indiscrètes. Sa belle-mère nous fait signe de nous dépêcher.

Nous marchons une demi-heure et nous nous asseyons dans un champ, derrière une meule de foin. Je sens que Roxana a aussi besoin de parler. Elle se sent très seule. Ses belles-sœurs et sa belle-mère lui mènent la vie dure. Elles lui reprochent de ne pas avoir apporté une dot suffisante quand elle s'est mariée. Mais Roxana a plus de chance que moi dans son malheur. Son mari, Adnan, est très attaché à elle. Il prend toujours sa défense. Seulement, il n'est pas là dans la journée...

Nous ramassons à la hâte des fagots avant de rentrer chacune dans notre maison.

Quand j'arrive chez moi, il est déjà tard. Adil est rentré des champs. Il m'attend, furieux. Il me traîne par le bras dans la chambre, son regard est lourd de menaces.

— J'ai appris que tu étais chez Roxana ? Qu'est-ce que tu es allée faire là-bas ? Je suis sûre que tu fricotes avec son mari ! Tu es une traînée !

Je fonds en larmes, je lui réponds que je suis juste allée voir ma cousine. Adil est hors de lui, il traite Adnan, le mari de Roxana, de tous les noms. Il me dit que Adnan est un séducteur et qu'il est connu pour mettre les femmes des autres dans son lit. Je n'ai jamais vu Adil comme cela, ivre de rage. Je suis mortifiée. Je pense qu'Adil a peur que je raconte à tout le monde l'histoire de son amour secret. Il cherche un prétexte pour me garder enfermée à la maison. Il l'a trouvé. Désormais, il m'interdit de sortir sans lui. Il m'accompagne partout quand il le peut ou demande à Rubina de me surveiller.

Cette semaine-là, ma sœur Farah vient me rendre visite, elle reste tout un après-midi chez moi. C'est une bouffée d'oxygène. Je suis tellement heureuse de la revoir. Farah, elle, est pleine d'entrain. Elle est enceinte de son premier enfant. L'an dernier, elle a fait une fausse couche, mais cette fois-ci elle est allée prier au mausolée d'Och Sharif. Elle porte autour du cou une amulette que lui a donné un *Pir*, un saint homme du mausolée.

Elle me dit que c'est un *tavis* spécial pour protéger le bébé. Son ventre a déjà bien grossi, elle est magnifique.

Elle me questionne avec enthousiasme, elle veut savoir comment cela se passe dans ma nouvelle famille. Mais Adil veille, il me suit comme une ombre. Il reste avec nous toute la journée pour surveiller mes moindres paroles. Impossible de dire à Farah mon désespoir, mes angoisses, ma tristesse. À peine ma sœur partie, Adil redevient froid et distant.

8

« Alors, Naziran, tu n'es toujours pas enceinte ? Tu ne sais pas comment il faut faire ? » Je sursaute. C'est Rafiq, l'un de mes beaux-frères. Un homme mûr, au regard vicieux. J'allume soigneusement le feu dans la cour avec des petits morceaux de bois sec. Je l'ignore. Qu'est-ce que je pourrais lui répondre, de toute façon ?

Les mois ont passé depuis que j'ai épousé Adil et mon ventre reste désespérément plat. Dans notre région, lorsqu'un couple se marie, la famille s'attend à voir un bébé arriver dans l'année. Mais comment pourrais-je avoir un enfant alors que mon mari ne dort quasiment jamais avec moi ? Je suppose qu'il continue de voir Shanaz en secret. Pourtant, il faut absolument que je donne un fils à Adil. C'est ce que tout le monde attend de moi.

L'ambiance est de pire en pire à la maison. Ces derniers temps, il n'y a pas que Rafiq qui se moque de moi, les femmes aussi me font des réflexions pleines de sous-entendus, et Kirane se désespère tout haut de ne pas avoir de nouveaux petit-fils. J'ai envie de fondre en larmes dès que je vois un bébé. Je voudrais tellement avoir un enfant à moi, un petit que je pourrais câliner. Je me sentirais alors moins seule. Une fois devenue mère, je serais respectable et importante pour ma belle-famille.

Je rentre dans ma chambre et je m'empare du téléphone portable d'Adil qui est resté sur l'étagère. Mon mari est parti au bazar avec l'un de ses neveux pour acheter des pesticides. Je déplie une feuille sur laquelle mon frère Salim m'a noté son téléphone. Je déchiffre un par un les numéros et je les compose. Mon frère répond tout de suite. Je chuchote dans le combiné :

— Salim, s'il te plaît, il faut que tu viennes me chercher, ramène-moi à la maison, je n'en peux plus.

— Pourquoi ? Qu'est-ce qui t'arrive, Naziran ?

— C'est à cause d'Adil. Je te raconterai, viens, je t'en supplie.

Avant de raccrocher, Salim me promet de trouver une solution. Le soir, une fois rentré chez lui, il appelle Adil :

— S'il te plaît, emmène ma sœur nous rendre visite au village, nous voulons la voir, elle nous manque beaucoup. Gongui Ma la réclame tous les jours.

Adil accepte. La récolte du coton est terminée, il en profitera pour aller dans la grande ville de Multan faire des emplettes. Il propose de venir dès le lendemain. Tôt le matin, nous allons prendre le bus. Avant d'arriver à la rue principale, je couvre mon nez et ma bouche avec un pan de mon voile. Je suis une femme mariée, je dois être décente. Adil m'adresse à peine la parole pendant les trois heures de route. Je refais en sens inverse le trajet pendant lequel, jeune mariée, je rêvais de ma nouvelle vie.

Quand je reconnais les alentours de mon village, mon cœur bondit. La maison de M. Malik, les vergers de mangues du voisin, la mosquée où nous jouions avec les sauterelles... Revoir ces endroits familiers m'apaise malgré les mauvais souvenirs. Je suis de retour chez moi, dans le village de mon enfance. Nous descendons à la station de bus et nous continuons à pied jusqu'à la maison de Salim et de Gongui Ma. Mon cœur se serre devant le portail de fer de mon ancienne maison.

Dans la cour, j'aperçois mon père assis sur un *tcharpoï*. Je suis étonnée qu'il soit là. Salim l'a sans doute prévenu de mon arrivée, je ne pensais pas qu'il viendrait me voir chez Gongui Ma. Mais mon père me salue à peine, il bouillonne de colère. À peine sommes-nous entrés dans la maison qu'il se lève, se plante devant Adil et le gifle. Adil n'a pas le temps de comprendre ce qui lui est arrivé, il reste interdit devant papa qui rugit :

— Pourquoi tu te comportes comme cela, tu n'as aucun respect ! Je t'ai donné ma fille et c'est ainsi que tu la traites ! Je vais vous faire divorcer !

L'histoire d'Adil et de sa voisine est donc remontée aux oreilles de mon père... C'est certainement Roxana qui a colporté la nouvelle à ma famille. Salim tente de calmer papa qui se rassoit, tremblant de colère. Mon frère déclare à Adil qu'il ferait mieux de partir. Adil tourne les talons, et s'en va, furieux, humilié.

J'aperçois Gongui Ma dans sa chambre, elle a assisté silencieusement à la scène. Je me jette dans ses bras. Quel bonheur de revoir maman, je lui dis qu'elle m'a terriblement manqué, je voudrais la garder toujours auprès de moi. Mon père nous observe, il grommelle qu'Adil n'a pas intérêt à remettre les pieds ici.

Gongui Ma me fait réchauffer les restes du dîner. Je raconte mes mésaventures dans ma belle-famille, les crises de nerf d'Adil, l'attitude de Kirane, les remarques de mes beaux-frères... Maman hoche la tête, elle me comprend, elle sait ce que je vis. Mais Salim murmure que cela va s'arranger, il suffit d'être patient. De toute façon, je ne peux pas revenir chez ma mère, il n'y a pas assez d'argent pour nourrir tout le monde. Mes neveux vont tous à l'école maintenant, y compris les filles. Cela coûte cher.

Le lendemain matin, mon père revient me voir. Il s'assoit en face de moi dans la cour, il s'allume une cigarette et tortille sa moustache l'air pensif. Il tire une longue bouffée et me dit d'une voix grave qu'il a bien réfléchi. C'est décidé, il veut que je divorce et que je revienne à la maison. Il a fait une erreur en me mariant avec Adil. Je baisse la tête. Je ne me fais pas d'illusions. Ce n'est sans doute pas le bien-être de sa fille qui le préoccupe. Je suppose qu'il caresse déjà l'idée de me revendre à un autre mari... Il a trouvé un bon prétexte pour empocher encore de l'argent. Je supplie papa d'essayer d'arranger les choses.

Le portable de papa sonne pendant que nous discutons. C'est Imtiaz, un cousin d'Adil. Il parle tellement fort dans le combiné que j'entends toute la conversation. Imtiaz implore mon père de revenir sur sa décision. Il explique que pour la famille d'Adil ce serait un véritable déshonneur si je quittais mon mari. Et puis, bien sûr, une grosse perte financière... Ils ont quand même payé assez cher pour le mariage, n'est-ce pas ?

Le cousin assure à papa qu'Adil regrette beaucoup son attitude, il veut que je revienne. À peine Imtiaz a-t-il raccroché que mon beau-père appelle à son tour. Il promet à papa qu'il veillera lui-même à ce que je sois bien traitée. Papa hoche la tête. Après tout, il n'avait peut-être pas encore d'offre en vue pour me remarier, alors pourquoi se compliquer la vie ?

Après quelques jours chez maman, je retourne donc dans ma belle-famille. Je quitte Gongui Ma la mort dans l'âme. Elle me promet d'aller prier pour moi au mausolée de notre village. J'ose espérer qu'Adil va vraiment changer mais j'ai de la peine à y croire. Je suis inquiète de ce qui m'attend. Sur la route, je repense à ma vie là-bas ces derniers mois, j'ai pourtant fait beaucoup d'efforts, je m'occupe bien de la maison, je travaille dur. Et puis j'aime Adil. Au fond de moi, je ne veux qu'une chose, c'est qu'il m'aime en retour.

Quand je rentre au village, ma belle-mère m'accueille avec un sourire mielleux.

— Ma chère fille, je suis tellement heureuse de te revoir. Tu commençais à nous manquer.

Mon beau-père est assis devant sa chambre, il me demande d'approcher. C'est le seul que je suis contente de revoir. Il pose une main sur ma tête pour me donner sa bénédiction, je me baisse et je lui touche le pied en signe de respect. Je rentre dans ma chambre, pleine d'appréhension. Je n'ai pas encore vu Adil. Tandis que je range mes affaires, mes belles-sœurs défilent les unes après les autres. Elles m'embrassent et me disent qu'elles sont ravies que je sois revenue. Rubina prend mes mains dans les siennes :

— Tu sais Naziran, si jamais Adil te traite mal, tu nous préviens ! Tu peux compter sur nous !

J'acquiesce silencieusement, en me demandant pourquoi elles n'ont rien fait pour moi auparavant. Ma belle-mère Kirane apparaît sur le seuil de la porte, elle leur fait signe de sortir, elle veut me parler, seule à seule. Elle s'assoit sur mon lit et m'interroge, l'air inquisiteur :

— Dis-moi Naziran, pourquoi tu n'es toujours pas enceinte ? Tu comprends, c'est un vrai problème pour la famille. Si ça continue, je vais devoir marier Adil avec une autre femme...

Je suis atterrée. Je décide de lui répondre en toute franchise.

— Chère mère, Adil ne partage presque jamais mon lit, comment pourrais-je tomber enceinte ?

Kirane hoche la tête gravement, elle tapote ses genoux avec ses mains calleuses, je vois bien qu'elle est embarrassée.

— Bon. Ne t'en fais pas, je vais aller parler à mon fils.

Le reste de la journée, je vais travailler aux champs avec les autres femmes, qui se montrent étonnamment prévenantes avec moi. Nous rentrons le soir avec nos fagots de bois et nous préparons le dîner. Sadia, la femme de Rafiq, le grand frère de Fawad, vient nous emprunter de l'huile. Elle habite quelques maisons plus loin. C'est une grande bavarde et aujourd'hui, elle est de très bonne humeur. Elle nous raconte surexcitée les dernières péripéties de son mari.

Toute la famille le sait bien, Rafiq a pour habitude de jouer aux cartes et de s'enivrer le soir avec ses amis. Et chaque fois qu'il rentre chez lui, il bat sa femme. Sadia n'en pouvait plus. Alors elle s'est rendue avec une de ses sœurs à Bahawalpur, une ville de la région, à quelques heures de route. Elle a prétexté un pèlerinage sur la tombe d'un saint. En réalité, elle avait entendu parler d'un *Pir*, un guérisseur, installé là-bas depuis quelques années. Un homme très puissant, spécialisé dans les mauvais sorts. Le *Pir*, un sorcier aux yeux cernés de khôl, a reçu Sadia et l'a écoutée avec attention. Elle est tellement bavarde que cela a dû prendre des heures…

Le *Pir* lui a ensuite fabriqué un *tavis* très spécial. Il lui a demandé de le placer secrètement sous le matelas de Rafiq et d'attendre qu'il vienne se coucher. Sadia a donné 150 roupies au *Pir* et elle est rentrée chez elle. Le soir, elle a placé le *tavis* sous le matelas. Quand Rafiq est allé se coucher imbibé d'alcool, il s'est endormi comme une masse. Au beau milieu de la nuit, un hurlement terrible a réveillé Sadia. C'était Rafiq, il courait dans la chambre comme un beau diable, il jurait que son lit était en train de brûler, puis il est parti en courant dehors, vociférant : « Au feu ! Au feu ! »

L'histoire de Sadia nous fait pleurer de rire. Nous imaginons, les larmes aux yeux, le gros Rafiq en sous-vêtement, poursuivi dans les prés par des flammes imaginaires. Sadia nous assure qu'aujourd'hui son mari était tellement penaud qu'il n'a pas osé lui faire une seule remontrance de toute la journée. Il lui a même promis de ne plus sortir le soir. Sadia triomphe, ravie du succès de son *tavis*. Je me dis que je devrais aller consulter ce *Pir*. Peut-être serait-il capable d'ensorceler

Adil. Il existe sans doute des charmes magiques qui pourraient le rendre amoureux de moi.

Au loin, nous apercevons les hommes qui rentrent des champs, ils marchent tranquillement sur le sentier le long d'un petit canal. Nous saluons Sadia qui repart chez elle avec son huile et nous déplions la nappe en plastique pour le dîner sur le sol de la cour. Pendant le repas, Adil évite mon regard, il semble mal à l'aise. Toute la famille part se coucher. Je vais m'allonger dans ma chambre tout en guettant les bruits à l'extérieur. Adil entre d'un pas hésitant.

— Naziran, je suis vraiment désolé.

Il s'assoit à mes pieds.

— Je te promets que je ne ressens plus rien pour Shanaz. Tu es ma femme et je t'aime plus que tout.

Depuis ce soir-là, Adil vient dormir avec moi toutes les nuits. Je suis sûre que c'est Kirane qui le lui a demandé.

9

L'odeur des galettes frites me dégoûte. Je suis prise d'un haut-le-cœur ce matin en préparant le petit déjeuner. Je cours jusqu'au fossé derrière la maison. Je reste là un moment, pliée en deux. J'ai le ventre vide et je n'arrive pas à vomir. Soudain, le mal au cœur me reprend, mon estomac se tord. Je souffre de cette maladie étrange depuis quelques jours. Et d'autres symptômes inquiétants. Ma poitrine est devenue dure comme la pierre et je suis épuisée. Tous les soirs, je m'effondre dans mon lit et je m'endors d'un sommeil de plomb.

Ma belle-mère Kirane m'observe, intriguée, quand je reviens dans la cour. Elle m'interroge.

— J'ai envie de vomir. C'est cette odeur d'huile, je ne comprends pas, ça m'écœure.

Kirane va me chercher des graines de fenouil à croquer pour faire passer cette sensation désagréable de nausée. Elle me scrute avec attention.

— Tu as eu tes règles ?

— Non, elles tardent à venir. Peut-être que mon corps est détraqué…

Ma belle-mère hoche la tête.

— J'ai remarqué que ton visage a changé. Je sais ce dont tu souffres. Tu es enceinte.

Je n'ose pas y croire. Mes prières se seraient donc exaucées ! Il y a quelques semaines, je me suis rendue avec Rubina dans le mausolée sacré d'Och Sharif. C'est un édifice ancien, décoré de pierres carrelées blanches et bleues, et surmonté d'un dôme en partie détruit. À l'intérieur, j'ai palpé le tissu vert mordoré qui recouvre la tombe du saint, j'ai tourné plusieurs fois autour de sa sépulture. J'ai prié de toutes mes forces, supplié même, pour que Dieu me donne un enfant. Je veux qu'Adil soit fier de moi, je veux être une mère. En partant, j'ai même donné quelques billets, environ 100 roupies, mes économies, au gardien du mausolée qui a récité une prière pour moi.

Toute la journée, je ne pense plus qu'à ce bébé dans mon ventre. Mon enfant ne doit pas être plus grand qu'un grain de blé, je ne le sens pas bouger. Pourtant, je serais bien incapable de garder encore le secret une semaine. Le soir même, Adil se rend bien compte que je suis dans un état étrange. Je n'y tiens plus, je lui annonce la nouvelle quand il me rejoint dans la chambre. Il est enchanté, il se voit déjà traversant le village avec son fils dans les bras…

Toute la famille est au courant dès le lendemain matin. Ma belle-mère non plus n'a pas tenu sa langue. Kirane me confie même qu'elle a ordonné à Adil de ne plus me frapper, parce que ce serait mauvais pour l'enfant que je porte. De toute façon, Adil se montre aimable avec moi maintenant. Mes beaux-frères et mes belles-sœurs sont pleins de sollicitude. Je suis enfin une personne importante pour la famille. Je vais être mère.

Un matin, Adil revient avec une liasse de billets. Il a vendu notre récolte de blé pour un bon prix et il veut me faire un cadeau.

— Naziran, dis-moi, qu'est-ce qui te ferait plaisir ?

Il y a bien quelque chose dont je rêve depuis que je suis arrivée ici... Je lui réponds :

— Tu pourrais faire installer l'électricité dans notre chambre.

La plupart des maisons du village ont déjà l'électricité. J'envie nos voisins qui ont de la lumière chez eux le soir, des ventilateurs pendant la canicule et même la télévision. Mais quand Adil parle de mon projet à mes beaux-parents, ils haussent les épaules. Mon beau-frère Rafiq ricane :

— Pourquoi tu veux mettre de l'électricité, Adil ? C'est ridicule ! Pour qui se prend ta femme ? C'est parce qu'elle vient d'un village plus grand que le nôtre que madame a des goûts de luxe ? Tu te fais avoir, mon pauvre garçon !

Mais Adil tient tête à ses parents. Des employés de la compagnie d'électricité viennent tirer des câbles dans notre maison. Nous avons maintenant une ampoule au plafond pour nous éclairer le soir et une prise électrique dans la chambre, près de l'étagère. À l'époque des grandes chaleurs de l'été, nous pourrons même acheter un ventilateur pour nous rafraîchir. L'été, le seul moyen de supporter la chaleur, c'est de boire du *tukh malanga* en somnolant à l'ombre. Le *tukh malanga*, ce sont des petites graines noires que nous faisons pousser dans notre potager. Lorsqu'on les recouvre d'eau, cela donne une boisson visqueuse et rafraîchissante. Mais rien ne vaut les pales d'un ventilateur !

Adil fait aussi installer une pompe à eau devant notre cour. Les corvées d'eau sont épuisantes, il faut aller la chercher près du cimetière. J'en ai assez de faire ce trajet plusieurs fois par jour. Deux semaines plus tard, après les travaux, nous avons enfin un robinet qui tire l'eau d'un puits souterrain, à 10 mètres de ma maison. Autre petit luxe, qui me comble de joie : un transistor qu'Adil m'a acheté au bazar. Il fonctionne avec des piles.

Au fil des mois, mon ventre a tellement grossi que je ne vois plus mes pieds. Je sens l'enfant me donner des coups quand je m'étends sur mon lit le soir. Kirane veille sur moi comme sur sa propre fille. Pendant les repas, quand il y a de la viande, elle pousse vers moi de gros morceaux. Elle me sert des verres de lait frais et parfois même de la *halwa*. Ma belle-mère me couve comme un objet précieux.

Mais même enceinte, je dois travailler tous les jours dans les champs. Mon ventre me gêne de plus en plus et j'ai du mal à me baisser pour ramasser le bois. Je dois faire des pauses pour reprendre mon souffle. Je peine à me déplacer. Quand Salim m'annonce qu'il va se marier, je suis très frustrée. Je suis incapable de voyager en bus et je ne pourrais pas assister à son mariage dans mon village natal. J'ai pourtant hâte de les voir, lui et sa fiancée. Ils m'ont promis de me rendre visite après la naissance de l'enfant.

Un jour, alors que je suis en train de couper de l'herbe pour la vache, je ressens des douleurs terribles. Mon ventre devient dur comme de la pierre puis se relâche. Cela recommence. Je suis terrifiée. J'ai entendu beaucoup d'histoires dans le village, des histoires de femmes mortes d'une fausse couche. Il paraît que les femmes se vident de leur sang et que le bébé meurt dans leur ventre. J'abandonne mon fagot et je rentre à la maison à petits pas, pliée de douleur. J'arrive hors d'haleine.

Kirane accourt. Je suis paniquée, je lui dis que le bébé est en train de mourir. Ma belle-mère me rassure. Elle m'explique que ces douleurs-là, c'est le signe que l'enfant arrive. Elle m'allonge dans ma chambre sur le lit de corde et me masse les pieds. Les contractions durent pendant une journée interminable. Le lendemain après-midi, la douleur devient de plus en plus fréquente. J'ai l'impression d'être écartelée vivante, je voudrais mourir. Je transpire tellement que mes vêtements sont trempés. Kirane me dit que le moment approche. Elle va prévenir la *daï*.

La *daï*, c'est la sage-femme, la matrone du village qui a fait naître tous les enfants de mes belles-sœurs. Je vais accoucher à la maison. De toute façon, personne n'emmène une femme enceinte à l'hôpital, c'est beaucoup trop loin et ce n'est pas la tradition. La *daï* arrive enfin, elle est essoufflée, c'est une vieille femme qui n'a plus beaucoup de dents. Elle me regarde de ses yeux perçants et me palpe le ventre. « Il faut encore attendre, l'enfant n'est pas prêt. » Elle me fait préparer une boisson avec des plantes spéciales. Je tente de l'avaler, crispée par la douleur. La *daï* me réconforte, cette tisane va aider le bas-ventre à s'ouvrir. Je ne dois pas m'inquiéter, elle connaît les gestes pour faire sortir le bébé.

Je suis épuisée, je tremble de tous mes membres. J'ai perdu la notion du temps. J'entends les hommes discuter dehors, j'essaie de ne pas crier mais j'ai terriblement mal, la douleur me déchire le bas-ventre. Cela dure depuis une éternité. J'ai l'impression que je ne vais pas survivre à cette nuit. La *daï* est à mes côtés, elle me masse les jambes pour me relaxer.

Mes belles-sœurs sont là aussi autour de moi, elles ont prévenu Salim la veille, il doit arriver bientôt. Au petit matin, les contractions se font de plus en plus fortes. Je ressens soudain une envie irrésistible de pousser. La *daï* me dit que le bébé arrive. Elle appuie très fort sur mon ventre. Je sens la tête qui sort. La *daï* saisit l'enfant, je le vois qui pend, tout bleu, entre ses mains. L'enfant pousse un cri. Il est vivant.

La *daï* coupe le cordon avec une lame de rasoir et frotte vigoureusement le bébé dans un morceau de tissu humide pour le nettoyer, puis elle le masse avec de l'huile de moutarde pour le détendre. Ensuite, elle dépose un peu de miel entre les lèvres de l'enfant, en signe de bienvenue, et elle se met à fouiller dans son sac plastique. Elle en sort une boîte qui contient de la poudre d'antimoine. Elle dessine un trait noir sous chaque œil du bébé pour le protéger des mauvais esprits et lui assurer une bonne vue plus tard. Elle lui enfile aussi des bracelets noirs pour éloigner le mauvais œil. Puis elle me tend l'enfant. C'est un tout petit bébé à la peau caramel avec de grands cheveux noirs, et un fin duvet sur le corps. Je sais qu'il n'y aura pas de fête pour la naissance de mon enfant. C'est une fille.

La *daï* nettoie ses instruments et jette de la poussière par terre pour boire le sang qui a inondé le sol. Ma belle-mère, qui est restée dehors, passe la tête à travers la porte. Elle demande toute excitée à la *daï* si c'est un garçon. La *daï* répond que non. Le visage de Kirane se décompose. Indifférente à ma peine, elle me demande, sarcastique :

— Est-ce pour cette chose que nous avons tant pris soin de toi ? Que nous t'avons bien nourrie et soignée ? Voilà comment tu nous remercies !

Sans même regarder l'enfant, elle sort précipitamment dans la cour en me maudissant tout haut. Mon beau-père Mumtaz, accompagné de mes belles-sœurs, entre à son tour. Il vient réciter une prière dans les oreilles du bébé. C'est la tradition pour les enfants musulmans. Puis mes belles-sœurs quittent la pièce une par une. Je reste seule un moment. Heureusement, Salim arrive avec sa femme Sakina. Elle vient s'asseoir dans ma chambre et prend de mes nouvelles. Je lui demande ce que raconte ma belle-famille dehors. Elle me répond tristement :

— Ils sont tous très déçus. Ils espéraient un garçon. Ils disent que tu n'as pas de chance.

Je suis épuisée et je me mets à pleurer en silence. Sakina tente de me réconforter :

— Je vais aller te chercher à manger. Ils t'ont sûrement cuisiné des bonnes choses.

En sortant, Sakina est surprise de voir que personne ne m'a préparé de nourriture. Selon la tradition, une femme qui vient d'accoucher est nourrie avec du foie de volaille grillée, cela lui permet de reprendre des forces après avoir perdu beaucoup de sang. On lui donne aussi des tomates et de la soupe de poulet. Ma belle-mère n'a rien cuisiné de tout cela. Salim se rend au bazar pour m'acheter du poulet, du beurre et du lait frais. Sa femme me fait cuire une soupe riche et revigorante. Elle me force à l'avaler. Je m'endors finalement, accablée de fatigue et encore assommée par la réaction de ma belle-famille.

Quand j'ouvre les yeux, quelques heures plus tard, Adil est dans ma chambre. Il me dit que mon frère est reparti sur son chantier, avec sa femme. Il me lance un regard lourd de reproches en désignant le bébé. Je sais qu'il espérait vraiment avoir un garçon. Il avait commandé au bazar des paquets de friandises pour distribuer à la famille et aux amis afin de célébrer la naissance de son fils. Mais une fille ! Il ne veut même pas la prendre dans ses bras.

La famille est consternée, Kirane ne m'adresse pas la parole de toute la journée. Mais je sais ce qu'elle pense. Quand un garçon naît, on célèbre sa naissance, et, le septième jour, la famille se réunit pour sa circoncision, des musiciens viennent jouer et les invités donnent des cuillerées de lait à l'enfant.

Mon beau-frère Rafiq se moque de moi par la fenêtre de ma chambre.

— Naziran, tu n'as vraiment pas de chance. Non seulement tu es arrivée ici les mains vides et en plus tu mets au monde une fille. Quel malheur !

Je n'ai rien à répondre. Toute la journée, Adil ignore son enfant, il me dit de me débrouiller seule. Je demande à Rubina d'aller vendre mes bijoux, les deux bracelets en or que je porte aux pieds. Elle les détache et les emporte au bazar. C'est ma seule richesse. Cela servira à acheter des vêtements à l'enfant. Rubina revient du marché avec un petit sac plastique, elle en sort des tuniques minuscules en coton.

J'enfile une tunique au bébé, je place un morceau de tissu entre ses jambes et je l'enroule dans un lange bien serré. Ma fille est adorable, elle ne pleure presque jamais. Dehors, dans la cour, j'entends des voisins qui sont venus me rendre visite et prendre des nouvelles de mon bébé. Kirane les rembarre brusquement, elle me maudit devant eux d'avoir donné naissance à une fille et leur dit que ce n'est pas la peine de me féliciter.

Quatre jours seulement après mon accouchement, Kirane vient m'ordonner de me lever alors qu'il fait encore nuit :

— Hé Naziran, tu penses que tu vas te reposer comme si tu nous avais donné un fils ? Qu'est-ce que tu crois ! Remets-toi au travail !

Malgré mon état et la douleur qui me tenaille encore le ventre, je me lève péniblement. Selon nos traditions, les femmes se reposent pendant 40 jours après une naissance. Mais Kirane ne l'entend pas de cette oreille. Je me remets donc au travail, contrainte et forcée. Je dois faire la lessive, préparer le repas, nettoyer la maison. Une fois que j'ai terminé ces tâches, pliée de douleur, je vais travailler aux champs. J'emmène ma petite fille dans mes bras. Elle dort, enroulée dans une couverture.

Près du potager, je fabrique un hamac pour mon bébé. Je noue les deux extrémités de mon voile à une branche d'arbre et je dépose mon bébé dans ce berceau confortable et ombragé. Entre deux rangées de mauvaises herbes à arracher, je fais des pauses pour nourrir ma petite. C'est un bébé sage, qui mange bien. Mais parfois elle se met à pleurer après avoir eu sa tétée, son estomac lui fait mal. Je lui chante alors des berceuses en massant son petit ventre. Je me sens apaisée quand je la serre contre moi. Pourtant, il faut que je donne un fils à Adil. Le prochain enfant doit être un garçon.

Au bout de six jours, nous donnons un prénom à la petite fille. Adil veut absolument l'appeler Hina. Je n'aime pas ce prénom, cela me rappelle trop ma belle-sœur, mais je le laisse choisir. Au fil des jours, il finit tout de même par s'attacher à l'enfant. Il vient la bercer quand je suis trop fatiguée.

À la maison, le cauchemar a recommencé. Adil me fait payer la déception de ne pas lui avoir donné de fils. Les coups, les insultes... Ma belle-mère ne cesse de me faire des reproches, elle trouve que je suis trop lente. Je pleure souvent, je suis de plus en plus déprimée. Après la journée de travail, je m'effondre en larmes derrière le mur d'enceinte de la maison, au bord du fossé.

Un matin, je suis accroupie dans la cour en train de diluer des pesticides avec de l'eau dans une bassine. Une fois cette soupe chimique terminée, Adil versera le mélange dans une bombonne en plastique qui s'accroche sur le dos grâce à des sangles. Sous le réservoir, un long tuyau permet d'arroser les semences tout en marchant. Adil est assis près de moi, il attend avec impatience que je termine ma tâche. Je lui jette un coup d'œil, je veux lui demander quelque chose :

— C'est bientôt le mariage de ta belle-sœur, n'est-ce pas ? Est-ce que tu pourrais m'acheter une nouvelle tunique pour la cérémonie ? Je n'ai pas de vêtements corrects.

Adil me lance un regard noir, il réplique :

— Tu n'as qu'à demander à ton père, lui qui est tellement généreux !

Je fonds en larmes.

— Tu es injuste, c'est toi, mon mari, à présent, et c'est toi qui dois t'occuper de moi.

— Tais-toi et finis ton travail.

Les yeux embués de larmes, je brasse le mélange dans le seau. Adil trouve que je suis trop lente.

— Tu portes malheur ! J'en ai assez que tu pleures tout le temps. Dépêche-toi !

Il me gifle. Je me débats. Il s'empare alors d'une lourde barre de fer dans la cabane à outil et il me frappe la tête. Je hurle, j'ai le crâne ouvert, il y a du sang partout et je ne vois plus rien. Je saigne beaucoup, mes jambes chancellent et je vais m'effondrer dans ma chambre. Personne ne réagit, personne n'intervient. Quand je reprends mes esprits, je tamponne la plaie avec un bout d'étoffe pour arrêter le sang et je me nettoie le visage avec de l'eau.

Cela ne peut plus durer, je dois m'enfuir de ce village. Je veux rentrer chez ma mère. Dehors, il n'y a plus aucun bruit. Les hommes sont partis épandre les pesticides dans les champs. Je récupère un billet de 100 roupies que j'avais caché sous mon matelas et je prends ma petite Hina contre moi. Je m'éloigne sur le sentier en espérant que personne ne me surveille. Je tremble de tous mes membres en arrivant devant la route. J'attends quelques minutes, mon cœur bat à tout rompre. La douleur tonne dans ma tête au niveau de la plaie. Un minibus passe, il s'arrête à mon niveau. Je monte.

À ce moment-là Adil surgit sur le sentier, il fait signe au chauffeur de ne pas démarrer. Il rentre dans le bus et me fait sortir de force. Je descends, terrifiée, mon bébé dans les bras. Les passagers rigolent, heureux d'avoir du spectacle. Adil me ramène à la maison sans rien dire. Il m'enferme dans ma chambre. Il me dit que si jamais j'essaie de m'enfuir à nouveau, il m'arrivera malheur. Dans notre contrat de mariage, il y a une clause islamique, c'est le *haq meher*, une somme d'argent que le mari devra payer à sa femme en cas de séparation. Si je quitte Adil pour retourner chez mes parents, il devra me payer 5 000 roupies. Je suis sûre que c'est pour cela qu'il veut que je reste avec lui.

J'attends avec impatience l'arrivée de ma sœur Farah qui doit me rendre visite. Elle veut voir sa nièce Hina. Elle arrive à la maison, toute pimpante, avec plein d'histoires à me raconter sur le village, la famille. Elle m'a apporté un cadeau, des vêtements neufs. Je dépose le paquet dans ma chambre et je lui prépare du thé. Farah me confie que je manque beaucoup à Gongui Ma. Je lui souris tristement, je n'ose pas lui parler de mes problèmes ici parce que je ne veux pas que maman s'inquiète. Ma sœur chante une comptine à ma fille qui se tortille sur ses genoux.

En fin d'après-midi, je dois la raccompagner à la sortie du village pour qu'elle prenne le bus avant la nuit. Après son départ, j'enfile les beaux vêtements qu'elle m'a apportés, un pantalon bouffant jaune pâle, une tunique verte, et un voile ocre brodé de petites perles. Je mets aussi du rouge à lèvres. Je veux me faire belle pour mon mari. Quand je sors de ma chambre, ma belle-mère me scrute des pieds à la tête, suspicieuse. Mais elle ne fait aucun commentaire.

Je suis en train de coucher Hina dans son berceau quand Adil rentre des champs. J'entends ma belle-mère qui l'interpelle dans la cour :

— Pourquoi tu achètes des vêtements à ta femme ? Elle n'a pas besoin de ces beaux habits !

Adil entre en trombe dans ma chambre, il m'aperçoit vêtue de ma nouvelle tunique. Il crie :

— Tu as un amant, c'est lui qui t'a offert ces vêtements !

Je le supplie de se calmer. Le bébé que je venais d'endormir se met à hurler.

— Ne t'énerve pas ! C'est juste un cadeau de ma sœur !

Mais il ne veut pas me croire. Il attrape sa chaussure et me frappe de toutes ses forces. Je me recroqueville par terre jusqu'à ce qu'il soit calmé.

10

Hina gazouille comme un petit *kohèl*, cet oiseau qui annonce la mousson. Je masse son corps dodu avec de l'huile de blé, cela la détend avant d'aller dormir le soir. Elle a bientôt trois mois et elle est jolie comme un cœur. Je lui frotte aussi la tête avec un peu d'huile pour faire briller ses petits cheveux qui repoussent. Selon la tradition, nous lui avons rasé la tête quelques semaines après sa naissance. Je lui prépare ensuite de la bouillie avec de la farine de blé, du lait, du sel et du miel, je lui donne cela et de la banane mûre écrasée pour qu'elle dorme bien. Je suis en train de la faire manger quand la sonnerie du portable d'Adil résonne tout à coup dans la chambre. Je décroche, ma petite fille dans les bras. C'est mon frère qui appelle. Salim est affolé :

— Gongui Ma a disparu ! Elle était partie faire des courses au marché cet après-midi, mais la nuit est tombée et elle n'est toujours pas rentrée. On la cherche partout !

Mon cœur fait un bond dans ma poitrine. Comment est-ce possible que maman ne rentre pas le soir ? Tous mes frères et sœurs sont très inquiets. Il a dû lui arriver quelque chose. Salim promet de me rappeler dès qu'il a des nouvelles. Je supplie ma belle-mère de me laisser partir chez mon frère, je veux chercher ma mère avec lui. Kirane me lance froidement :

— Je suis désolée pour toi, Naziran, mais c'est hors de question, tu as trop de travail à faire à la maison.

Je tourne comme un lion en cage, je passe toute la nuit sans dormir, malade d'inquiétude. Qu'est-il arrivé à Gongui Ma ? J'imagine le pire. Et si elle était morte ? Noyée dans la rivière ou tombée dans un fossé ? Le lendemain matin, épuisée par une nuit blanche, je demande la permission à Adil de rappeler mon frère. Il me tend son portable.

Salim n'a pas dormi non plus. Il me raconte qu'il a parcouru tout le village avec mes deux grands frères à la recherche de maman. Ils ont arpenté le bazar, frappé aux portes, interrogé tous les marchands. Personne n'avait vu ma mère. Ils ont demandé aux voisins, à mes proches, à tous les passants. Sans succès. Aucune nouvelle. Gongui Ma s'est volatilisée.

Je me morfonds toute la journée. Salim me rappelle le soir. Mais la voix de mon frère est lasse, abattue. Il me raconte qu'il s'est rendu au commissariat pour signaler la disparition de Gongui Ma. Les policiers l'ont écouté, l'air narquois, et ils ont décrété qu'ils ne pouvaient rien pour lui. De toute façon, ils ne bougeraient pas le petit doigt pour une paysanne qui disparaît. Qu'est-ce que cela pouvait bien leur faire ? L'un d'eux a même suggéré en ricanant que maman s'était sans doute enfuie avec un amant. Mon frère est sorti du commissariat furieux. Sans doute, s'il avait eu de quoi payer grassement les policiers, cela les aurait motivés.

En désespoir de cause, mon frère décide le lendemain de consulter un mollah de son village. Un vieil homme qui est connu pour avoir des visions. Le mollah l'accueille chaleureusement et le fait asseoir sur un lit de corde dans la cour de sa maison. Salim lui raconte toute l'histoire. Le mollah toussote et lui demande comment s'appelle ma mère. Il griffonne alors les lettres de son prénom sur un bout de papier et se lance dans des calculs compliqués avant d'arriver à un chiffre rond, qu'il interprète comme étant le chiffre porte-bonheur de maman.

Puis il se concentre. Il ferme les yeux. Après quelques secondes, il annonce à Salim d'une voix mystérieuse qu'il parvient à distinguer maman. Elle est seule, assise au bord d'une route et elle mendie. Le mollah soupire, il rouvre les yeux, il reprend un bout de papier. Il y inscrit des sourates du Coran puis il plie le papier plusieurs fois jusqu'à ce qu'il soit minuscule. Il le glisse ensuite dans un petit médaillon en plastique. Le mollah indique à Salim qu'il doit garder précieusement l'amulette sur lui. Cela fera revenir ma mère très vite. Puis il réclame 500 roupies (5 euros) avant de bénir mon frère.

— Qu'Allah te protège !

Salim rentre chez lui, en espérant que le talisman opère. Sur place, à la maison, l'un des frères de Gongui Ma l'attend. C'est un petit homme râblé au visage épais. Il veut parler à Salim :

— Je suis certain que c'est ton père qui a vendu Gongui Ma, explique mon oncle. Puisqu'il a vendu ses filles, il est bien capable de vendre sa femme !

Tu dois retourner au commissariat pour porter plainte contre lui.

Salim hésite. Il n'est pas convaincu que les policiers soient prêts à l'aider. Et puis, il est délicat d'accuser son propre père. Cela risque de se savoir dans le village, ce serait une honte pour notre famille... Mon frère remercie mon oncle pour sa visite et dit qu'il va réfléchir. Il prend son courage à deux mains et va rendre visite à papa au bazar. Murtaza est assis derrière son étalage de fruits, son visage se ferme quand il voit mon frère. Salim l'interroge.

— Tu ne saurais pas où se trouve maman par hasard ?

— Mais non. Je ne sais pas, je ne sais rien. Je n'en ai aucune idée !

Papa semble tout à coup très occupé et il congédie mon frère. Salim rentre chez lui intrigué. Il a des soupçons à présent, mais il n'arrive pas à se résoudre à porter plainte.

Le lendemain, c'est un voisin plein de bonnes intentions qui vient chez mon frère. Il lui recommande d'aller consulter un autre mollah de la région, un homme doté de pouvoirs très puissants. Il aurait déjà permis de retrouver plusieurs personnes disparues. Salim part en bus pour rencontrer le mollah en question, qui vit dans un petit village à une heure de route. Le mollah est un gros homme débonnaire et sûr de lui. Il trône sur un *tcharpoï*, dans la cour d'une petite maison de pisé, entouré d'une cour de jeunes disciples. Lorsque Salim lui explique son problème, le mollah se gausse. Il se targue d'avoir résolu des affaires bien plus compliquées.

— Bien sûr que je peux vous aider. Mais pour que cela soit efficace, il faut payer... Cela vous coûtera 2 000 roupies (20 euros).

Salim hésite. C'est beaucoup d'argent. C'est toutes les économies qu'il avait glissées dans sa poche avant de partir, au cas où. Mon frère finit par lui tendre le paquet de petites coupures précieusement enveloppées dans un sac plastique. Le mollah pousse un grognement de satisfaction. Il se concentre. Il ouvre un vieil exemplaire du Coran, feuillette les pages jaunies et s'arrête à un passage qu'il semble avoir repéré entre tous. Il scande une prière d'une voix rocailleuse.

Puis il repose le livre et demande à l'un de ses disciples de lui donner un sachet de perles qu'il fait rouler dans ses mains. Il souffle dessus et les glisse dans une pochette. C'est un *tavis* très spécial. D'un ton énigmatique, le mollah décrit à Salim la procédure à suivre : le *tavis* doit être accroché aux pales d'un ventilateur, ensuite il faut faire tourner l'appareil quelques minutes. Cela donnera le vertige à ma mère. Elle reprendra ses esprits d'un seul coup et elle retrouvera le chemin de la maison.

— L'effet est immédiat, assure le mollah, d'un ton bonhomme.

Mon frère repart, plein d'espoir. Une fois rentré chez lui, Salim accroche le *tavis* au ventilateur de sa chambre avec de la ficelle et allume l'appareil. Il attend jusqu'au lendemain, guettant le moindre bruit au portail de la maison, scrutant les silhouettes des passants dans la rue. Mais il ne se passe rien. Les jours s'écoulent et il n'y a toujours aucun résultat. Mon frère est énervé car il a payé une fortune pour ce *tavis*.

Il m'interroge au téléphone : que pouvons-nous faire de plus ? Je n'en ai aucune idée. Papa reste muet comme une carpe. Au bout de quelques jours, Salim arrête ses recherches. Je suis désespérée mais il n'y a aucun moyen de retrouver maman. Salim doit partir sur un chantier en Afghanistan. L'un de ses patrons lui a proposé de travailler à Kandahar. L'ouvrage sera bien payé, deux fois plus qu'au Pakistan, car la ville est dangereuse. À présent, je m'inquiète à la fois pour ma mère et pour mon frère.

Heureusement, la vie est plus sereine au village. Adil se montre bienveillant avec moi depuis la disparition de maman. Il ne me frappe plus et il tente de contenir ses colères. Je me suis habituée à son caractère instable et à ses humeurs versatiles. Je sais que je ne dois pas lui répondre quand il est dans un mauvais jour. Il essaie même de me faire plaisir en m'offrant de petits cadeaux, des *bangles* ou des confiseries. Il s'est finalement beaucoup attaché à notre petite Hina et il se promène parfois, sa fille dans les bras, pour aller voir les voisins.

Quelques mois plus tard, j'annonce à Adil que j'attends un nouvel enfant. Cette fois-ci, j'ai reconnu très vite les premiers symptômes. J'ai préféré ne rien dire et attendre que mon ventre se gonfle. Je ne peux plus le cacher à présent, je suis serrée dans ma tunique, pourtant ample. Kirane a deviné depuis longtemps mais je l'ai supplié de ne rien dire. Voilà donc que je porte enfin le fils tant attendu... Quand je lui en fais part, mon mari cache virilement son excitation mais je sais bien qu'il est fou de joie.

Pourtant, très vite, alors que mon ventre s'arrondit, la santé d'Adil se dégrade. J'ai remarqué les premiers signes de sa maladie, un soir. Il s'est mis à tousser sans pouvoir reprendre son souffle pendant de longues minutes. Je pensais que c'était à cause de l'épandage des pesticides car ces produits agressent les poumons, provoquent de l'asthme, des suffocations et des maladies de peau. À présent, Adil se réveille la nuit secoué par des quintes de toux qui le laissent sans forces. Il est exténué tous les matins et me demande de lui cuisiner des soupes de poulet avant de partir aux champs. Rien n'y fait. Je le vois dépérir au fil des jours, son teint est cireux et ses yeux sont jaunes. Il se sent tellement mal que son frère Rafiq l'emmène consulter un médecin à Jalalpur, une ville de notre région.

Le docteur l'a ausculté et lui a fait faire immédiatement une radio. Après avoir examiné l'image, il a décrété qu'Adil avait contracté la tuberculose. Mon mari doit prendre des médicaments coûteux tous les jours pendant des mois pour guérir. Le soir, il me serre contre lui et murmure, à mon grand désarroi :

— Mon seul espoir, c'est d'avoir un fils. J'ai l'impression qu'il ne me reste que peu de temps à vivre.

Quelques semaines plus tard, Adil doit retourner consulter le médecin à Jalalpur, son état ne s'est pas amélioré malgré les comprimés. Il veut que je l'accompagne. Un voisin lui a parlé d'un cabinet médical là-bas qui dispose d'un appareil permettant de voir le bébé à l'intérieur du ventre de sa mère et connaître le sexe de l'enfant. Je suis prise d'une angoisse soudaine. Et si jamais j'attendais encore une fille… Je ne veux même pas y penser. Je bredouille :

— Ce n'est pas une bonne idée, Adil. Je ne me sens pas capable de passer des heures assise dans un bus, avec mon gros ventre…

Mais il insiste. Je l'accompagne avec réticence. Pendant tout le trajet, je prie Dieu de toutes mes forces. S'il te plaît. Fais que ce soit un garçon. Un fils.

À la station de bus, nous demandons notre chemin pour trouver le médecin. Ni Adil ni moi ne pouvons lire les enseignes et les panneaux. Un marchand de jus de canne à sucre nous indique le cabinet d'« ultrasound », situé dans un petit immeuble en béton au fond du bazar. L'entrée du bâtiment est lugubre. Nous nous asseyons sur des chaises en plastique dans une petite salle en attendant notre tour. Des femmes vêtues de burqa sont accompagnées par leurs maris. Nous nous observons mutuellement. Une infirmière appelle enfin le nom d'Adil. Elle m'aide à m'allonger sur un lit de métal dans le cabinet.

Le médecin entre dans la pièce. C'est un homme aux tempes blanches et à la voix douce. Il me demande de relever ma tunique. Je suis très embarrassée car c'est honteux de montrer une partie de son corps ainsi devant un homme. Mais Adil est là avec moi. Le médecin met une crème sur un petit appareil et le fait glisser sur mon ventre. La forme du bébé se dessine sur son écran en noir et blanc. Le médecin scrute l'image. Je retiens mon souffle. La sentence tombe.

— Il n'y a aucun doute, c'est une fille.

Mon cœur s'arrête de battre. Adil se décompose :

— Tu es maudite, ce n'est pas possible !

Le médecin le regarde d'un air compréhensif, mais il poursuit l'examen. Il prend ma tension avec un instrument qui se gonfle autour du bras. Puis il me prescrit des médicaments, il me dit que je dois absolument prendre du fer. En sortant du cabinet, Adil jette l'ordonnance dans la rue. Il fulmine :

— Je ne vais pas acheter ces médicaments, je ne veux pas de cette fille, je me fiche complètement de ce bébé ! Tu portes malheur !

Nous rentrons au village en bus. Adil ne m'adresse pas la parole pendant tout le trajet. À la maison, il annonce à la belle-famille que je suis vraiment une mauvaise femme, voilà que j'attends encore une fille. Quelle malchance ! Je vais m'enfermer dans ma chambre. Je n'ai plus d'appétit, je suis bien trop accablée. Mes belles-sœurs discutent dans la cour. Je les entends chuchoter derrière la fenêtre de ma chambre.

Je suis désespérée. Je décide d'aller voir ma cousine Roxana, ma confidente. Roxana est dans sa chambre. Elle me fait entrer et me demande pourquoi j'ai l'air si mal en point. Je commence à lui raconter l'échographie, la réaction d'Adil… et je fonds en larmes avant de pouvoir finir. Roxana me regarde avec bienveillance :

— Ne te tourmente pas, de toute façon, notre sort est entre les mains de Dieu. Nous n'y pouvons rien.

Elle me demande si je veux manger quelque chose, je lui assure que j'ai déjà dîné. Roxana lève les yeux au ciel, elle réplique :

— Je sais bien comment est Adil, je suis sûre qu'il ne t'a rien donné à manger !

Elle va réchauffer des restes sur le foyer dans la cour et me prépare une assiette. Je me force à manger avec elle, même si j'ai perdu tout appétit. Je lui raconte l'histoire de l'ordonnance qu'Adil a jetée. Roxana soupire. Elle va dans le garde-manger et elle me ramène des lentilles et des fruits frais.

— Tiens, cela te donnera des forces. Tu dois prendre soin de toi.

Je la remercie les larmes aux yeux et j'emporte les victuailles à la maison. Quand je rentre chez moi, Adil m'attend dans la chambre. Il regarde le sac que j'ai dans les mains et s'empare du paquet.

— Comment cela se fait-il que tu aies de l'argent pour acheter des lentilles ?

Adil sait que je n'ai pas un sou. C'est lui qui récupère tout mon salaire directement auprès du grand propriétaire quand je vais travailler dans les champs de coton. Il s'énerve.

— Tu as un amant, c'est ça ? C'est lui qui te fait des cadeaux ?

Je suis fatiguée d'entendre ces sempiternels reproches.

— N'importe quoi. C'est ma cousine Roxana qui m'a donné cette nourriture, car elle au moins a eu pitié de mon sort.

Adil continue à grommeler tout seul. Je n'ose pas le contredire car il est de plus en plus malade. Toutes nos économies sont passées dans les consultations et les médicaments. Adil a même dû vendre une partie de ses terres pour pouvoir payer le docteur. Il constate pourtant que les comprimés n'ont aucun effet. Le mollah du village lui rédige des sourates du Coran sur un morceau de papier qu'Adil doit placer au fond d'un verre. Il le remplit ensuite d'eau et le boit d'un coup. Cela ne fonctionne pas non plus.

Tous les soirs, je prie Dieu en secret pour qu'il guérisse Adil. C'est mon mari. Malgré ses défauts, il est tout ce que j'ai. Même si le docteur m'a expliqué qu'il était contagieux, je m'occupe quand même d'Adil, je lui masse les jambes pour le détendre et je lui prépare des soupes de poulet. Certains soirs, Adil me supplie de ne pas l'approcher, il a peur que j'attrape aussi sa maladie. Mais moi je ne veux qu'une chose, c'est qu'il guérisse. Tant pis si je tombe malade.

Les nouvelles de mon village natal ne sont pas bonnes non plus. Depuis la disparition de Gongui Ma, mon père est souffrant. Ses voisins ricanent sur son passage :

— Alors Murtaza, tu as vendu ta femme, et tu vois comme Dieu te punit ! C'est bien fait pour toi !

Il est devenu la risée du village. Excédé, mon père a décidé de quitter la région. Il est parti à Lahore, la capitale de la province du Pendjab, pour vendre des fruits dans un petit chariot ambulant. Mais un matin, il est revenu au village dans un état épouvantable. Il paraît qu'il n'a plus que la peau sur les os et qu'il doit marcher avec un bâton comme un vieillard. Il reste alité la plupart du temps et n'a même pas la force d'aller au bazar.

Quelques jours plus tard, je reçois un appel de Zubieda. Elle est hystérique. Elle hurle dans le combiné. Je comprends que Murtaza est mort. Je ne m'attendais pas à ce qu'il disparaisse aussi vite.

Je prends immédiatement le bus avec Adil pour me rendre dans mon village natal. Toute la famille est déjà réunie quand j'arrive. Papa doit être enterré le jour même selon notre tradition musulmane. Mes sœurs, mes cousins, mes oncles et tantes, les amis et les voisins pleurent et se lamentent. Zubieda s'arrache les cheveux et déchire son voile.

Zeba me raconte les derniers moments de mon père. Ce matin, papa a dit à Zubieda :

— Je vais mourir, je veux demander pardon à toute la famille.

Ma belle-mère était paniquée. Elle a appelé mon frère Salim en Afghanistan. Il travaille toujours là-bas sur un chantier à Kandahar. Sa voix était lointaine et la ligne grésillait. Quand il a appris la requête de mon père, mon frère a répliqué :

— Je ne veux pas te pardonner, Père, tu as fait trop de mal. Tu as ruiné la vie de mes sœurs, de ma mère, de tout le monde.

Murtaza l'a supplié :

— S'il te plaît, mon fils, il faut que tu viennes, je suis mourant !

Salim a raccroché. Ensuite, mon père a réclamé de la nourriture. Zubieda lui a apporté du poulet qu'elle avait découpé en tout petits morceaux. Papa a avalé quelques bouchées, il a repoussé l'assiette. Puis il a fermé les yeux. Il est mort.

Son corps repose sur un lit de corde dans la cour. Mes frères l'ont lavé et enveloppé dans un linceul blanc. Seule sa tête est découverte. Cela me fait un choc de voir le visage de Murtaza, il n'a déjà plus ces traits si familiers. Seuls les hommes vont se rendre au cimetière, les femmes n'ont pas le droit d'assister aux funérailles, elles restent à distance. Les hommes partent en procession en portant à bout de bras le lit de corde où est allongé le corps. Ils marchent en silence.

Le cadavre enveloppé de son drap blanc est descendu dans une tombe. Le croque-mort le recouvre de terre jusqu'à former un monticule arrondi sur lequel il plante une stèle en pierre. Le mollah de notre quartier, celui qui a célébré mon mariage, récite la prière des morts, tourné vers La Mecque, avec les hommes de l'assistance. C'est fini. La procession repart en silence à la maison.

Ce jour-là, nous avons beaucoup pleuré avec mes sœurs. Même si Murtaza nous avait mené la vie dure, c'était quand même notre père. Je pense aussi à maman, j'imagine parfois qu'elle est encore en vie, même si j'ai du mal à m'en persuader. Mon père a emporté son secret dans sa tombe. Je n'ai plus de parents maintenant. Je suis orpheline. Il ne me reste que Salim.

Mon frère doit arriver d'Afghanistan bientôt. Quand Zubieda lui a appris la mort de papa, il a quitté son travail immédiatement pour prendre la route. Le voyage depuis Kandahar dure deux jours. Mon frère doit regagner le Pakistan en traversant la frontière de Chaman, une zone peuplée de talibans et de contrebandiers, puis rejoindre la grande ville de Quetta et, le lendemain, Multan. Quand Salim se présente enfin à la maison, couvert de poussière et épuisé par le trajet, ma belle-mère devient hystérique. Elle se jette sur lui, en le frappant de ses poings, elle l'accuse, la main levée vers le ciel :

— C'est ta faute si ton père est mort, c'est toi qui l'as achevé parce que tu as refusé de lui pardonner ! Tu l'as fait mourir de chagrin !

Mon frère est désolé, il tente de la calmer. Il promet à Zubieda de payer lui-même toutes les dépenses de l'enterrement. Mais ma belle-mère ne décolère pas. Elle le tient pour responsable de son malheur. Et ce malheur est grand : elle est seule à présent, elle n'a plus de mari. Ses fils vont devoir s'occuper d'elle.

Quelques jours plus tard, je regagne le village d'Adil. Je me sens tellement alourdie par la grossesse que j'ai de la peine à me déplacer. Un soir, allongée sur un *tcharpoï*, je ressens des secousses dans mon ventre. La douleur est de plus en plus forte, j'ai les larmes aux yeux. Le bébé s'annonce. Rubina va prévenir la *daï*. Contrairement à la dernière fois, les contractions ne durent que quelques heures. La *daï* appuie sur mon ventre et ça y est. Ma deuxième fille est là.

Je vais l'appeler Fizza. Cette fois, c'est moi qui choisis. De toute façon, Adil ne veut même pas la voir. Il m'a répété que cette fille était à moi seule. Il ne veut pas en entendre parler. Épuisée par l'accouchement, j'ai envie de pleurer toutes les larmes de mon corps. Je demande à Dieu :

— Qu'as-tu fait de moi ? Je n'ai plus de père ni de mère, et je n'ai toujours pas de fils, pourquoi suis-je punie ainsi ? Qu'ai-je fait de mal ?

Les jours se suivent et se ressemblent. Une grande fatigue s'est emparée de moi. Je n'ai plus goût à rien. Je m'occupe de ma fille mais mes gestes sont machinaux.

Un soir, Salim m'appelle, euphorique, au téléphone. Il me raconte que notre cousin Shabaz, qui est professeur à Multan, a lu un étrange article dans le journal local. L'article parle de maman. Il y a même une photo d'elle. D'après le journal, Gongui Ma cherche sa famille. Elle serait hébergée chez un bienfaiteur, qui donne son numéro de téléphone dans l'article. Mon frère va partir sur-le-champ pour le rencontrer à Multan.

Mon frère me rappelle le soir même. Il est allé récupérer maman chez le bienfaiteur à Multan. Trois ans après sa disparition, ma mère est revenue à la maison. Je préviens ma belle-famille et Adil accepte de m'emmener chez mon frère avec nos deux filles. J'explique à Hina que nous allons voir Gongui Ma, sa grand-mère, qui avait disparu. Elle me regarde avec de grands yeux.

Dans le bus, j'essaie d'imaginer ce qui a bien pu arriver à maman. Peut-être avait-elle perdu la mémoire et s'était-elle égarée toutes ces années, errant sur le bord des routes. Peut-être papa l'avait-il vraiment vendue ? Mais à qui ? A-t-elle été maltraitée ? Je n'ose envisager le pire. Ces questions me taraudent jusqu'au village.

Maman n'a pas changé. Je l'aperçois, toute guillerette, dans la cour de mon ancienne maison, comme si je l'avais quittée la veille. Elle a mis une tunique blanche toute neuve. Elle me serre tellement fort dans ses bras que je ne peux plus respirer. Je fonds en larmes en l'embrassant.

— Je n'arrive pas à y croire, maman. Je n'espérais plus te revoir sur terre !

Gongui Ma pleure de joie en voyant ses deux petites-filles qu'elle ne connaissait pas. Hina est un peu intimidée, elle se cache derrière mes jambes. Je dépose Fizza dans les bras de sa grand-mère qui l'embrasse tant qu'elle peut. Nous nous asseyons tous ensemble dans la cour. Je l'interroge :

— Raconte-nous, maman ! Où étais-tu passée ?

J'ai un peu peur de ce qu'elle va nous dire. Elle m'explique avec ses gestes qu'elle ne veut plus y penser, ce sont des mauvais souvenirs. Elle a déjà tout dit à Salim. Alors c'est mon frère qui me raconte.

11

Le fameux jour où Gongui Ma est allée au bazar faire des courses, elle a été kidnappée. Des hommes armés qu'elles ne connaissaient pas l'ont forcée à monter dans une voiture. Ils lui ont mis un bâillon et lui ont fait une piqûre. Elle a perdu conscience. Elle s'est réveillée dans une étrange maison, surveillée par des gardes. Une maison peuplée de femmes et d'enfants. Certains étaient handicapés, il leur manquait des jambes ou des bras, d'autres étaient aveugles ou difformes. Sur place, une vieille femme borgne, prisonnière elle aussi, a expliqué à maman que tous ici avaient été vendus par leur famille. Cela devait aussi être son cas, a-t-elle assuré à maman. Comme elle est sourde, Gongui Ma ne comprenait pas trop ce qui se passait, elle ne savait même pas dans quelle ville elle se trouvait.

Ce qu'elle a vite compris, c'est son nouveau travail. Tous les matins, des hommes du gang la déposaient dans une rue avec d'autres femmes. Elles devaient mendier, sur le bord de la route, jusqu'au coucher du soleil. Le soir, les geôliers les ramenaient à la maison et récupéraient l'argent. Comme les autres mendiants, maman était battue tous les jours car les hommes du gang n'étaient jamais contents de la recette. Gongui Ma essayait de faire de son mieux, implorant les passants, au nom de Dieu, pour grappiller quelques roupies de plus chaque jour. Tout cela pour être nourrie avec du mauvais riz, souvent noir de moisissures…

Gongui Ma avait perdu la notion du temps, elle désespérait de s'enfuir. Dans la journée, elle ne pouvait pas s'évader. Les mendiantes étaient surveillées à distance par les hommes du gang. Mais le soir, ma mère allait implorer le geôlier qui gardait la porte, un jeune homme timide. Avec ses gestes, elle le suppliait de la laisser partir pour qu'elle retourne auprès de ses enfants. Une nuit, le garde a pris pitié d'elle. Il a ouvert la porte sans faire de bruit, il a fait signe à maman de déguerpir.

Gongui Ma est partie en courant, elle a erré toute seule dans les rues obscures. Jusqu'à ce qu'elle aperçoive de la lumière. C'était une boutique de CD encore ouverte à cette heure tardive. Désespérée, elle est entrée à l'intérieur. Le vendeur était intrigué par l'intrusion de cette vieille femme étrange, l'air perdu, qui tremblait de tous ses membres. Le commerçant a compris qu'elle avait besoin d'aide. Il a fermé sa boutique et il a emmené Gongui Ma avec lui.

Maman n'avait pas d'autres choix que de faire confiance à cet inconnu. Une fois chez lui, dans sa famille, elle s'est sentie rassurée. L'épouse de son bienfaiteur lui a prêté des vêtements propres. Le lendemain, le commerçant a emmené maman au bureau du journal local. Gongui Ma était bien incapable d'expliquer où était son village. Les journalistes étaient perplexes. Ils ont alors proposé de diffuser sa photo dans le quotidien. Le jour suivant, l'article a été publié et notre cousin Shabaz est tombé dessus par hasard. Quelle chance incroyable !

Je me demande si papa était vraiment derrière ce kidnapping. A-t-il reçu de l'argent en échange de Gongui Ma ?

Lors des voyages en bus dans la région, j'ai remarqué la présence de ces mendiants sur les bords des routes, à l'entrée des villages. Des vieillards sans jambes, accroupis dans la poussière, des femmes borgnes, des enfants aux bras tordus... Tous tendent la main, l'air implorant, dès qu'un véhicule passe. Sans doute sont-ils aussi la proie de cette mafia qui exploite des mendiants.

— C'est très commun ! s'exclame mon frère. On m'a raconté l'histoire d'un enfant estropié qui a disparu mystérieusement de son village. Peut-être a-t-il été kidnappé comme Gongui Ma.

Maman veut profiter du bonheur d'être avec sa famille et propose de préparer le repas. Salim a acheté une chèvre pour fêter le retour de maman, il lui tranche la gorge dans la cour, et attend qu'elle se soit vidée de son sang. Sa femme Sakina l'aide ensuite à dépecer l'animal. Tous les voisins viennent rendre visite à ma mère, certains lui apportent des vêtements ou des sucreries.

Maintenant que Gongui Ma est revenue, ma tristesse s'est dissipée. Je veux la garder encore un peu près de moi. Je lui propose de passer quelques jours dans le village des parents d'Adil. Elle accepte et promet de nous rejoindre bientôt.

De retour chez Adil, je nettoie ma chambre, je dispose des fleurs et des posters colorés. Adil a décidé de faire aussi un effort. Lorsque maman arrive, il lui offre même deux tuniques neuves qu'il est allé acheter au bazar. Toute la famille d'Adil se met en quatre pour bien recevoir maman, ils ont aussi sacrifié une chèvre pour le repas.

Le lendemain, Adil décide de nous emmener en bus dans la petite ville d'à côté. Il veut prendre des photos de famille dans la boutique d'un photographe. Ma mère me suggère de mettre du maquillage mais Adil réplique que je suis très jolie. Il prétend que je n'en ai pas besoin. Il me glisse :

— Je suis désolée de t'avoir frappée, tu ne le mérites pas. Tu es une gentille femme. J'ai de la chance de t'avoir.

Je mets quand même un peu de rouge à lèvres. J'enfile une jolie tunique dorée décorée de broderies rouges, cousue dans un tissu fin et brillant. J'enfile aussi des bracelets rouges et verts autour de mes poignets. Gongui Ma lisse mes cheveux et les tresse dans une longue natte en tissu qui descend dans le dos. Je mets une petite robe rose à Hina. Adil est très élégant, il porte une tunique d'un blanc éclatant.

Après un court trajet en bus, nous arrivons un peu nerveux dans la boutique du photographe. Au fond de la pièce se trouve le studio, décoré par un grand poster. Des montagnes, qui baignent dans un ciel bleu, avec à leurs pieds un lac turquoise. Le photographe nous place avec soin devant le décor. Puis il dispose des bouquets de fleurs en plastique à nos pieds. Je suis tête nue, les épaules drapées dans mon voile qui tombe jusqu'à mes pieds. Je me concentre. Je prends un air sérieux et digne.

Ce jour-là nous faisons deux photos. Une avec moi et Adil qui porte Hina dans ses bras. Une autre avec ma mère. Pendant que nous attendons les clichés, le photographe commande pour nous du thé au lait au jeune vendeur de thé ambulant. L'adolescent nous sert de petites tasses ébréchées remplies d'un thé brûlant très sucré. Les photos sont prêtes. Nous avons l'air d'une famille de nawab ! Adil est satisfait. Je montre la photo à Hina qui n'en croit pas ses yeux. Elle tend son doigt :

— Ça, c'est Hina !

Adil paie le photographe. Puis, quand nous sortons, il nous tend aussi des petits billets en cadeau, à maman et moi. Nous le remercions.

Maman est pleine d'enthousiasme. Elle décide de faire des courses au bazar. Elle veut cuisiner le dîner pour nous tous. Elle achète des piments, des choux-fleurs, des pommes de terre et des oranges bien mûres pour Hina qui les adore. Le lendemain matin, Gongui Ma doit repartir.

L'après-midi, mon frère Salim vient chercher ma mère en bus ; elle va retourner vivre avec lui dans son village natal. J'aurais voulu la garder auprès de moi, mais ce serait un fardeau inacceptable pour ma belle-famille. Ils se sont montrés gentils avec elle pendant quelques jours ; pourtant, si elle devait rester vivre ici, ce serait une autre histoire. Ma mère a des fils, et, selon la tradition, c'est à eux de s'occuper d'elle. Pas à moi.

Gongui Ma part donc s'installer chez Salim, qui vit dans une petite maison en ciment avec sa femme et son petit garçon. L'autre pièce est occupée par mon grand frère Tahir, celui qui a eu un accident, et ses deux fils qui sont grands maintenant.

12

C'est le milieu de la nuit. Adil se relève encore une fois. Il sort en vacillant dans la cour. Je l'entends se racler la gorge et cracher par terre. Ses quintes de toux le réveillent toutes les nuits. Il a fait une rechute, il se sent de plus en plus faible. J'ai remarqué ces derniers jours qu'il peine à effectuer les travaux des champs, il doit se reposer après chaque effort.

Je réalise à quel point il a maigri, car il flotte dans ses vêtements. Au petit matin, j'en parle avec ma belle-mère Kirane. Elle est inquiète elle aussi. Elle voit bien que son fils décline. Elle supplie Adil de retourner consulter le médecin à Jalalpur. Adil accepte, morose. Il se rend bien compte que sa maladie empire.

L'après-midi, il revient avec une mine défaite. Le docteur lui a donné un traitement censé le guérir en quelques semaines. Mais Adil ne l'a même pas acheté. Il grommelle :

— Ce sont les mêmes comprimés que ceux qu'il m'a prescrits la dernière fois, ils ne font rien ! Je suis sûr que le docteur ne m'a pas dit la vérité sur mon état de santé.

J'essaie de le rassurer, tout en lui préparant du bouillon de poulet pour lui donner des forces :

— Ne t'inquiète pas, ça va aller mieux.

Il réplique, furieux :

— Comment peux-tu dire cela ? Qu'est-ce que tu en sais ? Tu es médecin ? Moi, je sens que mes reins ne marchent plus, j'ai des palpitations. Et regarde mes yeux, ils sont devenus jaunes !

Je baisse la tête, je préfère ne pas insister. Je lui tends un bol de bouillon qu'il avale avec peine.

Au milieu de la nuit suivante, il se réveille en sueur, agité de tremblements. Je touche son front, il est brûlant de fièvre, il délire. Je lui dis de rester allongé et je pose un linge humide sur sa tête comme je le fais pour mes filles quand elles sont fiévreuses.

— Naziran, je me sens horriblement mal, je t'en supplie, fais venir un docteur à la maison.

— Ce n'est pas la peine, cela va passer, tu te sentiras mieux demain.

Adil s'agite, j'appelle le docteur de Jalalpur sur son portable. Je le réveille mais il accepte de venir. Une heure plus tard, il est là avec sa mallette. Il ausculte Adil d'un air sombre. Il me demande de le faire boire régulièrement et il lui fait une injection dans le bras pour atténuer la fièvre. Il n'y a rien d'autre à faire.

Cette nuit-là, Adil gémit sans cesse, il a du mal à respirer. Je reste éveillée à ses côtés. Entre deux moments d'abattement, il gémit :

— Je me suis mal comporté avec toi, pardonne-moi. Je crois que je ne survivrai pas jusqu'à demain.

J'essaie de ne pas montrer mon inquiétude.

— Ne dis pas cela Adil, tu vas guérir.

Je sors de la chambre pour qu'il ne me voie pas pleurer. Je lui prépare un jus de pomme dans la cour. Les larmes me troublent la vue mais je m'essuie les yeux avant de retourner à son chevet. Je lui tends le verre :

— Bois, cela va te redonner des forces !

Il avale une gorgée avec peine. Mais il la recrache immédiatement dans une quinte de toux. Adil est pâle comme la mort. Il murmure :

— Prends soin des enfants quand je ne serai plus là.

Une angoisse terrible me serre la gorge. Je vais prévenir ma belle-mère qui dort dans la pièce à côté. Quand Kirane voit l'état de son fils, elle se met à pleurer. Adil demande à sa mère de dormir aussi près de lui. Nous passons la nuit à le veiller.

Au petit matin, Adil se plaint d'une douleur au ventre qui lui fait souffrir le martyre. J'apporte de l'huile de moutarde pour lui masser l'abdomen. Il grimace pendant que j'étale le liquide visqueux sur son estomac. Après le massage, il se sent un peu soulagé.

— Repose-toi maintenant, Adil. Je dois aller travailler dans les champs, je rentrerai pour le déjeuner.

Il me regarde avec des yeux suppliants :

— Reste avec moi ! Je ne sais pas si je serai encore vivant à ton retour.

Ces paroles me transpercent le cœur. Hina s'est réveillée, elle se lève et trottine au chevet de son père, inquiète.

— Abba, papa ! Tu es malade ?

Adil lui caresse les cheveux doucement.

— Tes mains sont toutes froides, Abba !

J'entends un brouhaha dehors dans la cour. Kirane a alerté la famille. Tout le monde entre et s'entasse dans la chambre en observant Adil. L'un de nos cousins apporte un plat de poulet que sa femme a préparé pour lui. Il n'arrive pas à manger, son visage a pris une teinte cireuse. Il peine à respirer.

Ma belle-sœur Rubina court prévenir un voisin qui possède une voiture. Il accepte d'emmener Adil à l'hôpital. Avant de partir, mon mari embrasse Hina. Il lui promet dans un soupir de lui rapporter de beaux vêtements quand il reviendra. Nous l'installons, allongé tant bien que mal sur les sièges arrière. Je veux l'accompagner mais Zeba refuse.

— Reste auprès de tes enfants, Naziran !

Je suis furieuse. J'insiste mais Zeba lève les yeux au ciel, elle m'assure que tout va bien se passer. Les paupières mi-closes, Adil serre mes mains dans les siennes. Elles sont glacées. Il me supplie de ne pas pleurer. Il va revenir bientôt. La voiture s'éloigne.

Je cours au mausolée près du cimetière du village. Je prie. Je supplie Dieu de guérir mon mari, de toutes mes forces, je l'implore. À mon retour, ma belle-sœur nous appelle. Mon mari est mort dans la voiture pendant le trajet.

Je m'évanouis.

Je reste en état de choc pendant les trois jours que durent les funérailles. Rubina ne me laisse pas seule une seconde. Le monde s'est effondré sous mes pieds. Je n'arrive même pas à pleurer. Mes poings restent crispés jusqu'à devenir blancs. Je suis secouée de spasmes, je suffoque. Des accès de convulsions me laissent complètement abattue.

Les voisins viennent présenter leurs condoléances. Je suis incapable de les remercier. Tout cela se déroule comme dans un cauchemar, je suis dans un état second, absente. Mes beaux-parents sacrifient des chèvres pour nourrir tous les proches qui se sont réunis. Les images défilent sous mes yeux, j'entends les voix sans les comprendre.

Au bout de quelques jours, je reprends lentement mes esprits. Le retour à la réalité est violent, brutal. Je suis veuve. Je n'ai plus personne pour me protéger et me soutenir. Et je dois m'occuper de mes enfants. Depuis la mort d'Adil, je couve mes deux filles comme une mère poule. Hina et Fizza sont tout ce qu'il me reste. Maintenant que mon mari est mort, mon seul souhait est de retourner vivre avec ma mère dans mon village. Je ne veux pas rester dans cette famille. J'ai bien réfléchi et j'explique à ma belle-mère Kirane que je vais partir avec mes enfants. Elle secoue la tête :

— Tu ne peux pas partir maintenant, Naziran. Après la mort d'un mari, les veuves doivent rester avec leur belle-famille pendant quarante jours, c'est la tradition, tu le sais bien.

J'accepte donc de rester, pour la mémoire d'Adil. Je me suis peut-être décidée un peu vite de toute façon. Je ne suis même pas sûre de pouvoir vivre auprès de Gongui Ma, sous le toit de mon grand frère. Rien ne dit qu'il acceptera d'avoir trois bouches de plus à nourrir… En revanche, ma belle-mère a tout intérêt à nous garder ici, moi et les filles. Après la mort d'Adil, nous avons hérité de ses terres.

Pourtant, Kirane veut me faire sentir à quel point elle est généreuse. Elle ne perd pas une occasion de me faire remarquer que je suis une veuve :

— Il faut que tu travailles dur car à présent tu es un fardeau pour la famille !

Elle m'ordonne de retourner aux champs avec Fizza que j'allaite encore. Mais c'est l'époque de la récolte du coton et le travail est éreintant. Kirane a une idée :

— Tu n'as qu'à laisser le bébé chez Mukhtara, elle n'habite pas loin de chez nous.

Mukhtara est la femme de Faiz, un frère d'Adil qui joue aux cartes toute la journée. Mukhtara, elle, est une petite femme douce et effacée. Elle a une vingtaine d'années. Elle est mariée depuis cinq ans mais elle n'a toujours pas eu d'enfant. Elle m'accueille chez elle avec gentillesse :

— Ne t'inquiète pas Naziran, je vais prendre soin de Fizza. Va tranquille !

Elle a l'air ravie de s'occuper de ma petite. Je vais rejoindre les femmes qui ramassent les fleurs blanches du coton dans de grands paniers. Quand le soleil est haut dans le ciel, nous faisons une pause, épuisées, à l'ombre d'un bosquet. Je sursaute, je réalise tout à coup que j'ai oublié l'heure de la tétée. Je cours chez Mukhtara, j'arrive hors d'haleine, mais je n'entends pas Fizza pleurer. J'entre chez ma belle-sœur. Elle me montre Fizza endormie dans un panier.

— Je lui ai fait boire du lait de vache parce qu'elle avait faim. Faiz lui a acheté un biberon au bazar. Elle a très bien mangé et elle dort maintenant.

Quand je rentre à la maison avec mon bébé, ma belle-mère m'interpelle :

— Tu sais, Naziran, quand un homme meurt, sa veuve ne doit pas nourrir un bébé. C'est la tradition, comme cela, tu pourras travailler. Tu vas donc laisser Fizza chez Mukhtara et elle lui donnera du lait de vache quand tu n'es pas là.

Je préférerais garder mon bébé avec moi dans les champs mais je ne peux pas aller contre la volonté de Kirane. Je prends donc l'habitude de laisser ma fille à Mukhtara dans la journée, le temps de finir la moisson. J'ai hâte que cela se termine pour profiter enfin de ma petite. Mais Kirane va en décider autrement…

Quand la récolte du coton est finie, je suis éreintée, mon dos me fait souffrir. Je me repose sur mon lit avec Fizza. Kirane vient s'asseoir près de moi :

— Maintenant, Naziran, tu es veuve et tu n'as plus les moyens de nourrir deux enfants. Que vont devenir tes filles ?

Je lui assure que je vais me débrouiller, je travaillerai encore plus dur. Elle me rétorque :

— J'ai bien réfléchi ma chère fille. Ce serait mieux que tu donnes Fizza à Mukhtara. J'en ai parlé avec elle, elle est d'accord. Tu sais qu'elle souffre de ne pas avoir d'enfant.

Mon cœur se serre. Je tente de me défendre :

— C'est impossible, Fizza est encore toute petite, elle a besoin de sa maman. Je ne peux pas la donner !

Elle me fixe sévèrement :

— Tu sais bien que c'est une coutume chez nous, quand une femme est stérile, une autre femme de la famille lui offre l'un de ses enfants.

— Mais moi je n'ai que deux enfants, Kirane ! Pourquoi tu ne demandes pas à Rubina, elle en a six !

— Rubina n'est pas une veuve, elle. Toi tu es trop pauvre pour élever deux enfants. Tu oublieras ta fille très vite, ne t'inquiète pas.

Je ne veux pas sacrifier mon enfant. Ma Fizza est trop petite. Ma belle-mère me crie que, de toute façon, je n'ai pas le choix. Elle prend le panier où dort Fizza et s'en va. Je hurle dans la cour que je veux garder ma fille. Kirane est déjà partie. Je retourne dans ma chambre et je m'effondre.

Je suis perdue. J'essaie de réfléchir à ce qui est le mieux pour mes filles. Peut-être Kirane a-t-elle raison après tout. Comment pourrais-je m'occuper de deux enfants alors que je n'ai même plus de mari ? Peut-être que Fizza sera plus heureuse chez Mukhtara. Mais la douleur d'être séparée de mon bébé est atroce. J'ai l'impression qu'on m'a arraché le cœur.

Le soir même, je n'arrive pas à me faire à l'idée que la petite ne dormira pas auprès de moi. Ma poitrine est très douloureuse, elle est encore gonflée de lait. Je supplie Kirane de me laisser nourrir encore un peu ma fille, le temps que le lait se tarisse. Elle refuse. Elle me tend des bouses de buffles séchées qu'elle a décollées du mur.

— Tiens, prends cela, tu vas les appliquer sur ta poitrine. Cela va arrêter le lait.

Je m'exécute. Mais cela ne me soulage pas. Je ne ferme pas l'œil de la nuit, le moindre mouvement m'arrache des larmes de douleur. Le supplice est d'autant plus grand que j'entends ma petite Fizza pleurer chez Mukhtara, qui habite à proximité. Les pleurs de mon bébé affamé provoquent des montées de lait. Et je n'ai pas le droit de l'allaiter.

Le lendemain, je n'ai qu'une envie, c'est de serrer ma fille dans mes bras. Je demande des nouvelles de Fizza à ma belle-mère qui revient de chez Mukhtara. Elle grommelle que le bébé refuse les biberons. La petite pleure sans cesse. Mukhtara est exaspérée, elle ne sait plus quoi faire. Ces nouvelles me fendent le cœur. Je sais que Fizza m'appelle et qu'elle veut sentir sa mère près d'elle. C'est un supplice. Kirane m'interdit pourtant d'aller la voir. Elle a une autre solution. Elle appelle une jeune cousine célibataire à la rescousse.

— Pour sevrer un bébé du lait de sa mère, on lui fait téter le sein d'une jeune vierge, m'assure-t-elle. Cela l'apaise.

Le soir, la cousine, une adolescente d'une quinzaine d'années, revient dépitée. Fizza pleure toujours.

Ma poitrine me fait tellement mal que je vais pleurer en silence, près du fossé derrière la maison. Au bout de deux jours, mon bébé tenaillé par la faim finit par accepter les biberons. Elle me manque toujours terriblement, et je décide de trouver un moyen de lui rendre visite. En partant travailler dans les champs, je m'éloigne derrière un bosquet, puis je fais un détour et je reviens vers le village en contournant les maisons. Comme cela Kirane ne peut pas m'apercevoir.

Je me rends en secret chez Mukhtara. Ma belle-sœur est étonnée de me voir mais elle accepte que je prenne mon bébé dans les bras. La petite me reconnaît tout de suite, je sens qu'elle se détend.

Je câline ma Fizza, je respire son odeur, je la couvre de baisers. Je supplie Mukhtara de ne rien dire à ma belle-mère. Elle me promet de garder le secret. Cependant elle ne veut pas laver les langes souillés de Fizza, cela la dégoûte. Je lui propose de m'en charger. Elle accepte avec soulagement.

Je lui montre comment prendre soin du bébé, comment lui changer délicatement ses habits et masser son petit corps avec de l'huile. Mukhtara est un peu maladroite mais elle s'applique. Cela me rassure qu'elle s'occupe de Fizza avec affection. Mais mon bébé me manque, son absence est un calvaire.

Désormais, je fais un détour tous les après-midi pour aller chez Mukhtara serrer ma fille contre moi. Je lui lave ses petits habits dans la rivière avec ceux de la famille et je les ramène en secret, tout propres, à ma belle-sœur. Mukhtara n'est pas jalouse, en revanche, elle accepte que je câline ma fille uniquement en sa présence. Parfois, elle s'inquiète :

— Quand Fizza va grandir, elle ne doit pas apprendre la vérité. Sinon cela va créer des problèmes. Peut-être qu'elle va me rejeter.

Je la rassure, je ne lui dirai rien.

Un jour, je me rends compte que ma belle-mère a des soupçons. Elle m'observe bizarrement. Au moment où je pars dans les champs, je la vois qui me suit à distance. Je me cache derrière un bosquet. Je m'accroupis sur le sol et je l'épie à travers les herbes hautes. Kirane me cherche des yeux dans tous les sens. Mais ne me trouvant pas, elle fait demi-tour. J'ai eu chaud. Je fais mon détour pour aller chez Mukhtara. Ma belle-sœur me jure qu'elle a tenu sa parole. Et Kirane cesse bientôt de m'espionner. Moi, je ne vis plus que pour ces quelques instants où chaque jour je peux câliner mon enfant en secret.

Trois mois plus tard, Mukhtara tombe enceinte. Dans le village, les gens murmurent que c'est Dieu qui l'a récompensée car elle s'est bien occupée de Fizza. Quand j'apprends sa grossesse, je retrouve l'espoir. Maintenant que Mukhtara va être mère, elle va pouvoir me rendre ma fille. Une fois chez elle, je lui dis que je veux récupérer mon bébé. Mukhtara est ennuyée. Elle s'attendait certainement à ma requête mais elle n'a aucune intention de se séparer de Fizza. Je comprends vite pourquoi, elle est très superstitieuse.

— Tu sais, je préfère garder Fizza avec moi. Elle me porte chance. C'est grâce à elle que je suis enfin tombée enceinte.

Je la supplie, mais elle ne veut rien savoir. Fizza est son talisman, elle doit rester auprès d'elle. Je décide d'en parler à ma belle-mère.

— Kirane, il faut que Mukhtara me rende ma fille. Une fois que son enfant sera né, elle mettra Fizza à l'écart. Elle va la négliger. Ce n'est pas bon pour la petite.

Ma belle-mère soupire :

— Pourquoi tu insistes, Naziran ? Tu ne peux pas t'occuper de deux enfants, tu le sais bien.

Elle se renfrogne et me fait signe de ne plus aborder le sujet. Moi, je veux récupérer mon bébé. J'appelle mon frère Salim avec le portable de Roxana, ma cousine. Je lui explique la situation. Mon frère est furieux contre moi :

— Naziran, tu n'as que deux enfants, pourquoi tu as donné Fizza ? Il ne fallait pas accepter. Cette famille est détestable. Ils ne sont pas honnêtes avec toi, pourquoi tu es si naïve ? Je ne peux pas t'aider. Débrouille-toi.

S'il ne peut rien faire, je peux au moins aller le voir. Je lui réponds :

— Ma période de deuil est finie. Je vais venir vous rendre visite.

Salim me promet qu'il m'accueille chez lui quand je veux et il raccroche. Je demande à ma belle-mère Kirane la permission de faire le voyage. Elle accepte, à condition que mes filles restent au village et que ce soit elle qui m'accompagne. Elle a sans doute peur que je ne revienne jamais sinon. Pendant le trajet, je l'observe du coin de l'œil. Je me demande ce qu'elle mijote. Elle n'est pas comme d'habitude, j'ai bien l'impression qu'elle me cache quelque chose.

Une fois arrivée dans la maison de mon frère, je me sens revivre. Je suis en terrain familier, je suis protégée. Ma grande sœur Mariam est là également, elle loge chez mon frère cette semaine avec ses enfants. Quand Salim rentre de son travail, il jette un œil mauvais en direction de Kirane, il chuchote :

— Pourquoi ta belle-mère est ici ?

Je lui explique qu'elle m'a laissée venir à condition de m'accompagner. Mon frère grommelle.

Pendant que Mariam nous sert le thé, mon frère apporte des cadeaux qu'il a achetés au bazar. Ce sont des vêtements neufs pour mes filles, une petite tunique blanche pour Hina avec un voile assorti et un minuscule gilet pour Fizza. Je le remercie de tout cœur.

Mon frère s'assoit avec nous, il interroge ma belle-mère sans détour :

— Pourquoi avez-vous pris Fizza à ma sœur ? Vous pensez qu'elle n'a pas assez souffert d'avoir perdu son mari ?

Ma belle-mère prend l'air étonné :

— Mais enfin, nous avons donné Fizza à ma belle-fille avec la permission de Naziran. Ce n'est pas un problème.

Je baisse les yeux, contrite. Salim observe ma belle-mère, exaspéré :

— Je veux que Naziran vienne vivre chez moi avec ses enfants. Elle n'est pas bien traitée chez vous.

Ma belle-mère s'exclame :

— Comment peux-tu dire cela ? Nous faisons tout pour que ta sœur soit heureuse. Je la considère comme ma propre fille !

Ma grande sœur Mariam, qui était restée silencieuse jusqu'à présent, se met en colère contre ma belle-mère :

— Pourquoi Naziran n'a jamais le droit de nous téléphoner ? Vous la traitez comme une esclave ! C'est elle qui fait tout le travail chez vous ! Vous avez vu dans quel état elle est ?

C'est vrai que je suis faible. J'ai très mauvaise mine et je ne mange rien. J'écoute ce qui se passe comme si j'étais absente, même mon sort m'est presque devenu égal.

Kirane se montre rassurante :

— Naziran n'ira plus dans les champs. Elle ne fera que le travail de la maison, ne vous inquiétez pas.

Salim l'observe avec perplexité. Kirane tente de couper court à la discussion, elle se lève pour aller dans la cour découper des mangues qu'elle a apportées. J'en profite pour raconter à Salim que, depuis la mort d'Adil, ma belle-famille me surveille tout le temps. Je suis sûre qu'ils mijotent quelque chose.

Nous avons à peine terminé le thé quand tout à coup Salim reçoit un étrange coup de fil. C'est Shirin, la femme de Fawad, l'un des frères d'Adil. Elle chuchote dans le téléphone :

— Je vous en supplie, ne laissez pas Naziran revenir chez sa belle-famille. Ils veulent la marier avec mon mari, Fawad.

Quand Salim raccroche, il est abasourdi. Il me raconte ce qui est en train de se tramer, devant Kirane qui garde le silence. Elle fait comme si elle n'avait rien entendu. Salim l'interpelle :

— Alors tu te moques de nous ? Qu'est-ce que vous complotez ?

Kirane prend son ton mielleux :

— Ce ne sont que des rumeurs, voyons, je ne ferais jamais ce genre de chose ! Cette Shirin est un peu dérangée, c'est tout.

Puis elle décide d'argumenter, devant l'air sceptique de mon frère :

— De toute façon, il va bien falloir que Naziran se remarie. Elle est encore jeune et belle. Si on pouvait lui trouver un nouvel époux, ce serait le mieux pour elle. Une femme ne peut pas survivre toute seule, il faut un homme pour l'entretenir.

Salim hoche la tête :

— Ma sœur peut se remarier si elle le souhaite. Mais avec un homme d'un autre village, pas dans votre famille. Elle n'est pas heureuse chez vous.

Ma belle-mère fait alors tout un cinéma. Elle s'agenouille et pose son voile aux pieds de mon frère en signe de respect.

— Je suis désolée si elle a été malheureuse chez nous dans le passé. Je te promets qu'elle sera bien traitée désormais. Je la considère comme ma propre fille ! Nous lui donnerons de la viande à manger tous les jours. Jamais nous n'allons la remarier de force !

Salim soupire :

— Tu es mon aînée et je te respecte. J'espère que tu dis la vérité.

Kirane promet, soulagée de voir que mon frère semble lâcher prise.

— Bien sûr qu'elle choisira ! Mais ce serait une chance pour elle de trouver un époux qui accepte une veuve avec deux filles ! Elle doit y réfléchir !

Salim acquiesce. Puis il se lève pour aller acheter un poulet au bazar pour le dîner. Mariam s'affaire devant le foyer pour cuire le riz. Je me retrouve seule avec ma belle-mère Kirane. Elle me jette un regard assassin :

— Je te préviens, si tu restes chez ton frère, tu ne reverras jamais tes filles. Je ne te les rendrai pas. Et tu n'as pas intérêt à te plaindre à ta famille. Nous rentrons immédiatement, dis-leur que tu n'as pas faim !

Je me mords la lèvre, je suis prise de tremblements. Mariam revient s'asseoir avec nous. Kirane lui sourit avec son air doucereux :

— Nous ne restons pas pour le repas, je suis désolée, nous allons partir maintenant pour arriver avant la nuit noire.

Kirane me fait signe de me lever et nous quittons la maison.

13

Pendant le voyage du retour, ma belle-mère me jure qu'il n'y aura pas de mariage mais je doute de ses belles promesses. Après la mort d'Adil, mes trois beaux-frères, qui sont tous mariés, se sont mis à tourner autour de moi comme les abeilles autour du miel. Leur comportement, autrefois distant, a immédiatement changé. Chacun leur tour, ils ont discrètement essayé de me séduire. J'étais encore sous le choc de la mort d'Adil, je trouvais leur attitude honteuse.

En plus, ils sont bien plus âgés que moi. Même Tahir, qui pourrait être mon père, a tenté sa chance. Les deux autres, Rafiq et Faiz, passent leur temps à boire et à jouer aux cartes. Seul Fawad est un homme correct. Mais je suis loin de penser à un nouveau mariage. Adil est toujours dans ma tête. Et je n'arrive pas à imaginer que ma belle-famille puisse m'imposer un nouvel époux alors qu'il est mort il y a à peine quelques mois.

Quand nous arrivons au village, alors que je range les cadeaux de mon frère, Shirin, l'épouse de Fawad, se glisse dans ma chambre. Elle est hystérique :

— Pourquoi es-tu revenue ? La famille est en train d'organiser ton mariage avec mon mari ! Tu veux détruire ma vie ?

Je reste interdite. Je nage en plein cauchemar. Comment oseraient-ils me faire ça ? Je sors en tremblant dans la cour, je cherche anxieusement Kirane. Elle est dans sa chambre, en pleine discussion avec Fawad. Elle lui raconte le séjour chez mon frère :

— Ta femme a prévenu Salim par téléphone. Elle lui a tout raconté. J'ai eu toutes les peines du monde à lui faire croire que c'était faux.

Quand elle m'aperçoit, son visage se ferme. Elle me tend le portable de Fawad.

— Maintenant tu vas appeler ton frère et lui annoncer que tu épouses Fawad. Tu vas lui jurer que c'est de ton plein gré. Sinon on te renvoie chez ta mère et tu ne reverras plus jamais tes enfants. Tu mourras de chagrin loin de tes filles.

Je repousse le téléphone et je vais m'enfermer dans ma chambre. Je m'effondre en larmes. Ma belle-sœur Rubina vient s'asseoir près de moi. C'est sans doute sa mère qui l'a envoyée me parler. Rubina m'interroge posément :

— Pourquoi tu n'acceptes pas ce mariage ? Ce n'est pas si terrible, après tout. C'est une bonne chose pour toi d'avoir un nouveau mari. Qui t'accepterait avec deux filles ?

Je hurle que c'est hors de question. Je la supplie, en mémoire d'Adil, de ne pas me piéger ainsi.

— Très bien, réplique Rubina méchamment. On verra bien demain. En attendant, va préparer le dîner. De toute façon, tes deux filles dorment chez Mukhtara ce soir.

Mes mains tremblent quand je prépare le dîner. Dès que le repas est prêt, je retourne dans ma chambre. Je n'ai aucune envie de manger avec ma belle-famille. Je vais me coucher en pleurant. Impossible de dormir.

Le matin je me lève épuisée, les yeux rouges et gonflés par les larmes. Je prépare le petit déjeuner et je fais le ménage sans adresser la parole à personne. Rubina me rejoint dans la cour, elle se sert une tasse de thé. Elle m'observe :

— Alors, la nuit porte conseil ? Tu t'es décidée pour le mariage ?

Je rétorque que je ne suis toujours pas d'accord. À ce moment-là, Kirane sort de sa chambre. Elle est hirsute, elle glapit :

— Tu es une femme malchanceuse, tu es veuve et tu n'as pas d'argent. Mais malgré tout, moi je fais de mon mieux pour t'aider et voilà comment tu te comportes ! Tu devrais avoir honte.

Je cours me réfugier dans ma chambre.

Les jours qui suivent, je me mure dans le silence. Je ne veux pas me laisser faire. Fawad, lui, me poursuit. Dès que Shirin a le dos tourné, il vient me faire des compliments. Il m'offre des petits cadeaux, des *bangles* et des vêtements que je jette par terre devant lui. Un matin, alors que je suis accroupie devant le foyer en train de faire bouillir l'eau du thé, il vient me glisser des mots doux dans l'oreille. Je l'ignore. Il m'enlace alors. Je le repousse, furieuse :

— Comment peux-tu faire cela à Shirin, tu n'as aucun respect pour ta femme ?

Il rigole :

— Shirin ? Tu as vu comme elle est laide ? Et puis elle est paresseuse, elle ne fait rien pour aider notre famille, alors que toi, tu as toutes les qualités.

Shirin doit avoir près de 35 ans. Son fils aîné de 22 ans est déjà marié, et elle a trois autres enfants. Fawad, lui, a une quarantaine d'années, le double de mon âge. Ses cheveux gris, ondulés, sont peignés avec de l'huile de moutarde. Il porte de grosses bagues en toc aux mains. Je ne l'aime pas du tout. Mais je suis intriguée. Je lui demande :

— Pourquoi tu me fais ces compliments ?

— Je suis amoureux de toi depuis que tu es arrivée dans notre famille…

Je suis sûre que c'est sa mère qui lui a soufflé ces paroles. Fawad est le moins paresseux de tous ses frères. C'est sans doute pour cela que ma belle-mère l'a choisi pour m'épouser. Il doit pouvoir soutenir financièrement deux épouses. Mais moi je ne veux pas me soumettre. Je l'envoie balader. Il s'éloigne, dépité. J'aperçois Kirane qui nous espionnait derrière sa fenêtre. Elle sort de sa chambre, un portable à la main. Devant moi, elle appelle mon frère Salim. Elle lui parle très fort pour que j'entende bien la conversation.

— Le mariage avec Fawad est arrangé, Naziran a finalement accepté, elle est très heureuse !

Elle me tend le portable d'un air autoritaire. Je bredouille dans le téléphone. Je n'ose pas contredire Kirane qui me fusille du regard. Je sens la menace qui plane. Je sais qu'elle est capable de me voler mes enfants. Elle me l'a déjà prouvé. La voix de Salim grésille dans l'appareil.

— Je n'approuve pas ta décision mais je vais venir vendredi pour négocier avec ta belle-famille. Je vais demander une clause dans le contrat de mariage, pour que tu touches une pension si tu te sépares de Fawad.

Je me retourne, ma belle-sœur Rubina s'est plantée derrière moi. Elle a entendu la conversation. Elle crie dans le combiné :

— La cérémonie se déroulera aujourd'hui. Si tu veux y assister, tu dois venir tout de suite.

Je proteste :

— Mais il y a trois heures de route, mon frère ne pourra jamais être là à temps !

Salim s'énerve :

— N'accepte pas que le mariage ait lieu aujourd'hui. Il faut attendre mon arrivée vendredi ! Sinon, tu peux oublier que tu as un frère !

À ce moment-là, Rubina m'arrache le téléphone et l'éteint. Je pars en courant dans ma chambre, je claque la porte. Je m'effondre en pleurs sur le lit. Tout ce que je redoutais est en train d'arriver. Je n'ai rien pu faire pour me défendre.

Dix minutes plus tard, j'entends la voix du mollah de notre village.

— *Salam alikoum* ! Alors, les mariés sont prêts ?

— Asseyez-vous donc. Je vais les chercher, lui répond Kirane.

Ma belle-mère entre dans ma chambre. Elle me parle tout bas :

— Naziran, debout ! Arrête de pleurnicher voyons, tu as vu ta tête ? Tu vas dire au mollah que tu te maries de ton plein gré. Sinon, tu ne reverras jamais tes filles, c'est compris ?

Kirane me tend une vieille tunique rouge qu'elle a récupérée dans sa malle. Rouge, couleur du mariage. La couleur aussi du vent de sable rouge qui se lève quand on tue un innocent, selon les croyances de notre région.

— Enfile ça ! m'ordonne Kirane. Je vais aller parler à Shirin. Elle a intérêt à se tenir à carreau pendant la cérémonie.

Rubina entre à son tour. Elle me chuchote :

— Si le mollah te demande où est ta famille, tu dois répondre que tes parents étaient trop occupés et qu'ils n'ont pas pu venir aujourd'hui. De toute façon, il n'y aura aucun invité.

Elles sortent toutes les deux. Je suis coincée. Je me relève machinalement. Je décide d'enfiler malgré tout une tunique noire de deuil, signe de mon désaccord. Je me voile de noir et je m'assois sur le lit de corde.

Ma belle-mère entre à nouveau dans la pièce. Elle me lance un regard furibond mais elle n'ose pas faire de remarques. La porte est ouverte, le mollah pourrait nous entendre. Kirane range la chambre vite fait, elle jette les vêtements qui traînent dans ma malle. Puis elle prend un ton faussement enjoué :

— Venez, entrez dans la chambre, monsieur le mollah ! Asseyez-vous ici ! lui dit-elle en lui désignant un lit de corde. Voici la future épouse !

Le mollah est un vieil homme sec. Un turban blanc coiffe sa petite tête. Il ne me regarde même pas. Je ne sais pas s'il se rend compte que je suis accablée de chagrin. Mes beaux-frères et mes belles-sœurs entrent à leur tour et s'assoient par terre sans un mot. Le mollah doit bien sentir que l'atmosphère est pesante. Peut-être refusera-t-il d'officier…

Fawad vient s'asseoir près de moi. Je l'ignore. Il me dégoûte. Son odeur de sueur me donne envie de vomir.

Le mollah m'interroge.

— Es-tu prête pour le mariage ?

Je murmure que oui d'une voix étranglée.

— Mais où sont donc tes parents ?

— Mon père est mort et mon frère n'habite pas ici.

— Bon… Est-ce que tu te maries de ton plein gré avec Fawad ?

Je lui marmonne que oui, en baissant la tête.

Le mollah pose la question à Fawad qui répond oui à son tour.

J'entends comme dans un cauchemar le mollah qui interroge Fawad. A-t-il prévu une pension ? Ma belle-mère répond à la place de son fils. Elle soupire :

— Monsieur le mollah, nous avons beaucoup de respect pour Naziran mais mon fils n'en a pas les moyens.

— Très bien… nous ferons donc un contrat simple.

Le mollah me tend l'acte de mariage, j'appuie en tremblant mon doigt plein d'encre sur le papier. Ça y est, je suis à nouveau mariée. Je suis officiellement l'épouse de Fawad.

Le mollah nous félicite. Il se lève, Fawad lui glisse un billet de 100 roupies pour le remercier avant qu'il ne s'éloigne.

Kirane rappelle Salim pour lui annoncer que je suis mariée. Elle me passe le téléphone. Mon frère m'insulte. Il me dit qu'il ne me considère plus comme sa sœur et il raccroche. Je suis anéantie. Personne ne me laissera donc en paix ! Rafiq me lance :

— Si tu m'avais choisi moi plutôt que Fawad, tu serais plus heureuse !

Je ne lui réponds pas. On m'a piégée. Je n'ai plus aucune échappatoire maintenant. La seule chose que je peux faire, c'est de refuser que le mariage soit consommé. Le soir de mes noces expéditives, Kirane a pris Hina avec elle pour que je sois seule dans ma chambre. Je sais que Fawad va venir me rejoindre. Je suis blottie dans mon lit de corde quand j'entends son pas lourd qui approche.

— Ma chère femme, me voici ! Je viens dormir avec toi ! s'exclame-t-il, avec le regard lubrique.

— C'est hors de question. Sors d'ici tout de suite ! je m'entends répondre d'une voix ferme.

Il s'appuie contre le mur, dépité. J'enrage :

— Pourquoi tu as laissé faire ce mariage, Fawad ?

— Tu me plais depuis le début, depuis que tu es arrivée chez nous.

— Mais moi je ne t'aime pas ! J'appartiens à Adil et à lui seul !

Fawad quitte ma chambre, en soupirant. Il s'en retourne chez Shirin.

Le lendemain matin, je découvre ma petite chèvre favorite morte devant ma porte. Avec Adil, nous l'avions baptisée Tchoutchi, c'était sa chèvre préférée, il allait lui couper lui-même de l'herbe fraîche. C'est moi qui avais aidé la mère de Tchoutchi à mettre bas, une nuit dans l'étable.

Notre Tchoutchi était devenue une biquette apprivoisée, elle venait se promener dans notre chambre et nous suivait partout. Après la mort d'Adil, je m'étais encore plus attachée à Tchoutchi car elle me rappelait les bons moments passés avec mon mari. Et je la retrouve étendue, figée, dans la cour. De chagrin, je retourne m'enfermer dans ma chambre. Par la fenêtre, j'entends Rubina chuchoter à ma belle-mère.

— C'est Shirin qui a empoisonné Tchoutchi, pour se venger de Naziran...

Lorsque Fawad vient nous rejoindre dans la cour, Kirane lui demande comment s'est passée la nuit. Fawad lui confie que j'ai refusé de partager mon lit. Kirane grommelle :

— Il va bien falloir que tu cèdes, Naziran. Tu es son épouse maintenant, Fawad a tous les droits sur toi.

Pendant trois jours, je reste dans ma chambre. Je continue de porter ma tunique noire. Je ne vais pas travailler aux champs. Je refuse d'assister aux repas avec ma belle-famille.

Rubina vient me voir plusieurs fois mais je lui dis que je n'ai pas faim. Chaque soir, Fawad se présente dans ma chambre, mais je le repousse en pleurant.

Le matin du quatrième jour, je suis à bout de forces.

Ma petite Hina s'inquiète, elle tourne autour de mon lit et vient se blottir contre moi :

— Tu es malade, Ma ? Tu vas mourir comme papa ?

Je la prends dans mes bras.

— Non ma chérie, ça va aller. Ma est juste fatiguée.

L'inquiétude de ma petite fille me bouleverse. Je ne peux pas l'abandonner. Je décide de me lever. Je vais dans la cour préparer du thé. Mes belles-sœurs sont assises en tailleur sur le sol, elles font manger leurs enfants. Rubina me félicite :

— Eh bien, Naziran, ça va mieux ? Viens donc manger quelque chose !

Elle me tend une galette de pain. Je la mange en entier, sans appétit, en buvant du thé au lait sucré. Rubina me ressert. Je garde le silence. Mais elle n'a pas l'intention de me laisser en paix :

— Naziran, tu es mariée maintenant. Tu sais que tu dois coucher avec Fawad...

La nouvelle a vite fait le tour de la famille. Mes autres belles-sœurs acquiescent. Elles y vont chacune de leur remarque :

— Tu es son épouse, tu dois lui donner ton corps !

— Tu ne peux pas refuser !

Je tente de jouer l'indifférence. Mais elles insistent tellement qu'au bout d'un moment je leur réplique :

— J'appartiens à Adil. J'étais à lui, je suis à lui et je serai toujours à lui. Fawad me dégoute.

Kirane vient mettre son grain de sel :

— Si tu refuses, tu vas comprendre ton malheur, ma petite ! Tu es stupide, tu dois obéir à ton mari, un point, c'est tout.

Je lui lance un regard noir. Comme je me sens revigorée par le pain et le thé sucré, je vais faire un tour dans le potager. Je veux être tranquille, je n'ai pas envie de parler. J'emmène ma petite Hina avec moi. Nous nous accroupissons par terre et je lui montre comment arracher les mauvaises herbes qui étouffent les légumes. Je lui désigne les plantes : les tomates encore vertes, les petites feuilles des panais, les choux-fleurs...

C'est alors que je vois surgir Shirin, la première femme de Fawad. Elle me toise :

— Tiens donc, Naziran ! Alors tu es contente de m'avoir volé mon mari ?

Je proteste. Elle éclate d'un rire mauvais :

— Je sais bien que Fawad vient te voir tous les soirs, tu crois que je suis une imbécile ? Fais attention à toi ! Il pourrait t'arriver malheur ! Et à ta fille aussi !

Elle crache par terre dans ma direction, puis elle tourne les talons et repart chez elle. Hina me regarde terrifiée.

— Ma, est-ce qu'elle va nous tuer comme Tchoutchi ?

Je lui dis de ne pas s'inquiéter, qu'elle ne peut rien nous faire.

J'attends que Shirin soit loin sur le sentier pour rentrer. Hina court voir sa grand-mère Kirane qui écrase des feuilles d'épinard dans la cour. Avant que je n'aie pu ouvrir la bouche, elle lui répète ce qu'a dit Shirin. Kirane se lève, exaspérée. Elle se dirige vers la maison de Shirin, située à quelques mètres de chez nous. Elle braille :

— Shirin ! Pour qui tu te prends ? Naziran est la femme de Fawad ! Il a le droit de venir chez elle !

Je sais que Shirin est rentrée dans sa maison. Elle a très bien entendu Kirane, mais elle reste terrée chez elle. Ma belle-mère revient dans la cour. Elle me lance, agressive :

— Et toi, tu as intérêt à coucher avec ton mari ! Sinon, tout le village va être au courant, ce sera la honte pour notre famille !

Je retourne dans ma chambre et je décide de ne plus en sortir cette fois. Je ne veux plus subir les agressions de Shirin, les réflexions de Kirane, les visites nocturnes de Fawad.

14

Rubina frappe à la porte. Elle dépose une tasse de thé et un morceau de pain sur mon coffre. Elle me lance sèchement :

— Naziran, ça suffit. Cela fait presque une semaine que tu ne manges rien. Tu sais qu'il y a des rumeurs dans le village. Les gens disent que tu es devenue folle.

Je me retourne dans mon lit, face au mur. Je ne veux pas lui parler, je me fiche bien de ce qu'on dit dans le village. J'ai l'impression d'être déjà morte de toute façon. Chaque fois que je me suis levée de mon lit, ma tête s'est mise à tourner et je me suis évanouie. J'ai des crises de convulsions. Mes forces m'ont quitté. Je commence à divaguer complètement. Même la présence de ma petite Hina n'arrive pas à me réconforter.

Fawad commence à s'inquiéter pour ma santé. Je l'entends parler dans la cour avec Kirane. Il veut m'emmener chez un médecin, Kirane approuve. On pourrait murmurer dans le village qu'elle a laissé sa belle-fille mourir… Fawad va prévenir le voisin qui possède une voiture.

Je suis incapable de marcher, Fawad me porte dans ses bras jusqu'au véhicule. Il m'allonge délicatement à l'arrière. Je m'écroule sur les sièges, ma tête pend dans le vide. Fawad me replace doucement la tête contre la porte et glisse un coussin derrière ma nuque. Mes poings sont tellement serrés qu'ils me font mal. Fawad monte à l'avant avec le voisin. Je m'aperçois qu'il pleure.

— Tu as vu comme elle est maigre ? Un vrai squelette… murmure-t-il.

Notre voisin réplique :

— Pourquoi tu pleures Fawad ? C'est ta faute si ta femme est dans cet état, c'est parce que tu l'as maltraitée.

Fawad renifle.

— Ce n'est pas moi qu'il faut blâmer. Ma mère et mes sœurs m'ont obligé à l'épouser et Naziran n'a pas supporté ce mariage.

Pendant le trajet, malgré les cahots incessants, je m'évanouis plusieurs fois. Je reprends conscience quand nous arrivons chez le docteur. Je suis allongée sur un lit en métal. Fawad parle au médecin :

— Elle ne mange plus, elle dépérit à vue d'œil, elle est prise de convulsions… Vous connaissez cette maladie ?

Le médecin prend ma tension. Elle est très basse. Il explique d'un ton sec à Fawad :

— Votre femme a des problèmes psychologiques, des symptômes d'anxiété, de dépression.

Fawad est embarrassé. Il lui demande ce qu'il peut faire.

— Vous devriez l'emmener à Bahawalpur, répond le médecin. Il y a un hôpital qui s'occupe des malades mentaux.

Nous repartons dans la voiture. À Bahawalpur, un infirmier me dépose sur un brancard. Au bout d'un long moment, deux médecins viennent m'examiner. Une infirmière me demande de lever mon bras pour prendre ma tension. Je n'ai aucune force, je n'arrive pas à bouger.

Je l'entends chuchoter :

— Elle est squelettique, elle n'arrive même pas à lever le bras.

— Cela ne sert à rien de l'admettre ici. Elle va mourir, dit une voix de jeune homme.

Un autre médecin, plus âgé, demande à Fawad d'un ton furieux :

— Pourquoi votre femme est-elle dans cet état-là ? Qu'est-ce que vous lui avez fait ?

Fawad marmonne que je suis déprimée et que je ne veux plus manger depuis mon mariage. Le médecin réplique :

— Il faut qu'elle reprenne goût à la vie. Sinon, elle va mourir. Vous devez bien la nourrir et surtout ne pas la forcer à faire quoi que ce soit.

Il fait signe à l'infirmière :

— Bon, nous allons la mettre sous perfusion toute la journée pour la réhydrater. C'est tout ce qu'on peut faire.

Le soir, Fawad me ramène en voiture.

Lorsque nous rentrons au village, je me sens un peu mieux. La petite Hina m'attend avec anxiété. Quand elle m'aperçoit assise sur mon lit de corde dans ma chambre, elle est soulagée de voir que j'ai repris des forces. Elle s'exclame :

— Maintenant, Ma peut s'asseoir ! Ma, dis quelque chose !

Je suis toujours incapable de parler. Son visage se rembrunit. Je lui fais signe de me laisser dormir.

Le lendemain, Rubina m'apprend que ma belle-sœur Mukhtara, celle qui élève Fizza, a enfin accouché de son bébé.

— C'est une petite fille. Mais bon, après tout, c'est mieux que rien ! Elle a mis cinq ans pour tomber enceinte ! s'écrie Rubina. Le prochain sera sûrement un garçon, si Dieu le veut.

Rubina m'aide à boire une tasse de thé au lait qu'elle a beaucoup sucré pour me donner des forces. La naissance de la fille de Mukhtara ne me réjouit pas vraiment. J'ai peur pour ma petite Fizza qui habite toujours chez elle. Maintenant que Mukhtara a son propre enfant, elle va sans doute la mettre à l'écart. L'idée que ma Fizza soit maltraitée me désespère. Elle est si petite ! Ce jour-là, j'essaie de me nourrir et de boire du thé plusieurs fois pour me rétablir. Rubina me prépare de la soupe de poulet, très nourrissante.

Au bout d'une dizaine de jours, mes forces reviennent peu à peu. Je demande à Hina d'aller chercher sa petite sœur chez Mukhtara. J'ai envie de voir mon grand bébé, je veux profiter d'elle maintenant que je suis capable de me lever. J'entends des rires de petites filles derrière la porte, ma Fizza trottine vers moi. Elle m'appelle aussi « maman » à ma grande surprise. Elle n'a donc pas oublié. Mais ce que je redoutais est en train de se produire. Hina me raconte ce qu'elle a vu chez Mukhtara :

— Fizza, elle n'arrête pas de pleurnicher ! Et Mukhtara, elle s'énerve et elle tape Fizza !

La pauvre Fizza doit se sentir négligée depuis l'arrivée du bébé. Cela me brise le cœur. Non seulement Mukhtara m'a pris mon enfant mais en plus, maintenant, elle la frappe. Je me jure de récupérer ma fille d'une manière ou d'une autre dès que je serai plus solide. Comme chaque jour, Hina réclame la photo de son père qui est accrochée au mur de ma chambre. C'est un portrait d'Adil, sur un fond bleu décoré de fleurs. Il a l'air si jeune sur cette photo ! Il regarde l'objectif d'un air sérieux. Je le trouve séduisant avec sa fine moustache et ses grands yeux en amande. Comment puis-je supporter le vieux Fawad... Je tends la photo à Hina. Je l'écoute babiller. Elle parle tout haut à son papa, elle lui raconte des histoires, lui chante une chanson...

Au bout de quelques jours pourtant, le mal reprend le dessus. Je me sens à nouveau lasse, mélancolique. Je n'ai plus d'appétit et je suis incapable d'avaler la soupe de poulet de Rubina. Mes forces m'abandonnent et je sombre dans des périodes d'inconscience. Je perds la notion du temps. Un matin, des voisins, Jalil et son épouse, viennent prendre de mes nouvelles. Nos voisins sont des gens très aimables et je m'entends bien avec eux. Ils veulent savoir ce qui m'arrive et me disent à voix basse :

— Si tu ne veux pas parler à ta belle-famille, dis-nous au moins à nous ce qui ne va pas !

Jalil me tend un verre d'eau. Je me redresse avec les forces qui me restent. J'ouvre la bouche mais je n'arrive pas à boire. Je recrache l'eau en toussant. Mon voisin interpelle ma belle-mère :

— Vous devez prévenir son frère. Il doit venir la voir de toute urgence !

J'entends que Kirane appelle Salim au téléphone, elle met le haut-parleur pour que Fawad écoute aussi :

— Ta sœur ne va pas bien, elle va peut-être mourir...

Mon frère crie à Kirane :

— Tu es responsable de sa situation, c'est à cause de toi qu'elle est dans cet état ! Tu avais promis qu'elle serait heureuse ici... c'est cela d'être heureux ? Nous allons la ramener avec nous !

Fawad se dresse devant mon lit, il proteste :

— Naziran reste ici ! C'est ma femme et c'est ma responsabilité qu'elle se rétablisse. Sinon les gens du village vont dire que je ne me suis pas occupé d'elle.

— Il faut l'emmener chez un *Pir* !

— Kirane a déjà contacté un guérisseur qui doit venir chez nous cet après-midi. C'est le *Pir* Hasnain Shah, du mausolée Lal San Di Crore, un homme qui a déjà soigné ce genre de cas.

Le *Pir* arrive dans notre maison avec son assistant, le *Khalifa*, en fin de journée. Kirane ouvre la porte de ma chambre. Je somnole, je flotte dans une torpeur maladive. La voix tonitruante du *Pir* me réveille.

— C'est donc elle ? Je ne peux pas la soigner voyons, elle va mourir, elle est complètement décharnée !

Kirane insiste, de son ton doucereux.

— Nous saurons vous remercier, ne vous inquiétez pas. Vous êtes notre dernier espoir. Occupez-vous bien d'elle !

— Je vais faire mon possible. Mais d'abord, vous allez tous quitter la chambre, je veux rester seul à seul avec elle.

J'entends des piétinements et des chuchotements dans la cour. Le *Pir* ferme la porte. Une fois que nous sommes tous les deux au calme, le *Pir* allume de l'encens et répand du parfum sur mon corps. Je suis à moitié inconsciente. La voix grave du *Pir* me dit de ne pas m'inquiéter. Je vais bientôt me sentir mieux.

Il s'assoit, calmement, à mes côtés et psalmodie des prières au-dessus d'un verre d'eau qu'il me fait boire. J'ouvre les yeux d'un seul coup. Je suis en transe. Le *Pir* m'observe. C'est un homme solide, d'une cinquantaine d'années, au regard perçant. Ses pupilles noires sont hypnotiques. Il m'explique à voix basse :

— Quelqu'un t'a envoyé un mauvais sort. Un esprit s'est emparé de ton corps, c'est lui qui te détruit. Mais je vais chasser ce djinn.

Le *Pir* ordonne à son assistant par la fenêtre :

— Cours jusqu'au cimetière. Tu vas trouver un *tavis* de magie noire quelque part sur une tombe. Ramène-le-moi immédiatement.

Le *Khalifa* part en courant. Quand il revient, il serre dans son poing une amulette.

— Le voici maître ! s'exclame-t-il hors d'haleine. Je l'ai trouvé !

Le *Pir* observe l'amulette, il déplie le papier glissé à l'intérieur et le lit attentivement. Il proclame :

— La jeune fille est possédée par un esprit maléfique. Je vais avoir besoin d'une chèvre noire et d'un coq noir. Dépêchez-vous, sinon la petite va mourir.

Une fois que ma belle-mère lui a apporté les animaux en catastrophe, le *Pir* m'ordonne d'une voix énigmatique :

— Allonge-toi sur le sol !

Je vois les visages curieux de mes beaux-frères qui observent par la fenêtre.

Le *Pir* fait tourner le coq et la chèvre sept fois autour de moi, tout en récitant sept fois le même passage du Coran. Puis il tord le cou du coq, qui crie de douleur. Le Pir ferme les yeux et déclame, d'une voix mystérieuse :

— Roi des djinns, viens chercher ton enfant qui a possédé le corps de cette jeune fille. Cette femme ne t'a rien fait. Ton petit djinn doit quitter son corps !

Le *Pir* me donne l'ordre de me lever :

— Maintenant, tu vas poser ta main sur cette chèvre, et ensuite tu iras te laver.

Le *Pir* me tient les épaules, je trouve la force de m'exécuter. La chèvre frémit quand je la touche. Puis elle s'effondre. Ses yeux se révulsent, un filet de bave coule de son museau. Elle se fige.

Le *Pir* explique à son assistant qu'il doit découper la chèvre en quartiers dans la cour et aller jeter les morceaux dans le cimetière. Le *Khalifa* tire la carcasse dehors. Le *Pir* demande alors à Fawad d'entrer et de me frapper dans le dos avec une pelle. Je suis toujours allongée sur le sol. À chaque coup, je pousse des hurlements stridents, comme des miaulements de chat sauvage. Fawad me frappe jusqu'à ce que le coq noir, à l'agonie, meure à son tour. À ce moment précis, le *Pir* déclare :

— Le djinn a quitté le corps de Naziran, son âme est libre.

Le *Pir* sort de la pièce, il revient avec des fruits et du poulet. Je suis toujours en transe et je parviens à m'asseoir. Le *Pir* découpe un petit morceau de banane et le met dans ma bouche. J'ai envie de vomir. Il exige que je l'avale. Il demande ensuite à ma belle-famille de me préparer une soupe de poulet pour me requinquer. Il s'assoit près de moi et sourit :

— Ça y est, Naziran, tu vas guérir. Tu dois garder ton calme et ne plus penser à tes malheurs désormais. Va prendre un bain.

Je le remercie, je me sens apaisée, comme si on avait retiré un poids de mes épaules, une charge qui m'oppressait et m'empêchait de respirer. Rubina m'aide à enfiler une tunique ample sans manches que j'utilise pour le bain. Elle m'accompagne à la pompe à eau près du cimetière pour m'aider à me laver. Je chemine lentement jusqu'au robinet.

L'eau fraîche me revigore et je rentre à la maison pleine de forces nouvelles. J'avale la soupe que Kirane m'a préparée et je dévore une galette de pain. Ma belle-mère offre aussi une assiette de légumes et de poulet au *Pir* et au *Khalifa*, qui la remercient.

Fawad tend une liasse de billets au *Pir*, 3 000 roupies en tout (30 euros), une grosse somme. Mais le *Pir* dit qu'il veut rester jusqu'à ce que je sois capable de lui préparer à manger de mes propres mains. En attendant, il va rester habiter chez nous.

Trois jours plus tard, ma mère vient me rendre visite au village avec ma sœur Farah. Elles me dorlotent et me préparent de bons petits plats. Leur présence affectueuse me redonne le goût de vivre. Je me sens apaisée dès que ma mère est auprès de moi.

Mon frère Tahir m'annonce au téléphone qu'il m'a fait envoyer une télévision d'occasion et un vieux lecteur de DVD de sa boutique. Le carton est livré quelques jours plus tard par un minibus. Fawad m'installe les appareils dans ma chambre, sur une table près du lit. Désormais, je peux regarder des films pendjabis et des clips de chansons traditionnelles que j'aime tant.

Ma petite Hina voit bien que je me rétablis très vite, elle en profite pour réclamer ses histoires préférées. Je lui raconte :

— Un homme avait deux filles. Un jour, il leur demande : « Qui est-ce qui vous nourrit, mes filles ? » La première lui répond : « C'est toi, papa ! » Le père est content de sa réponse. Mais l'autre fille réplique : « Non, ce n'est pas toi, papa, qui nous nourris. C'est Dieu ! » Le père est furieux. Il lui rétorque : « Très bien, je vais te marier avec un homme pauvre. Nous verrons bien si Dieu te donne à manger ! » La jeune fille s'en va sur les routes avec son mari, un pauvre homme malade. Un jour, ils sont fatigués, et la fille s'assoit sous un arbre. Et là, sous l'arbre, elle découvre un coffre avec des pièces d'or. Avec cet argent, elle fait soigner son mari qui recouvre la santé. Puis elle s'achète une grande maison. Un jour, elle invite son père à dîner chez elle, sans lui révéler son identité. Pendant le repas, elle cache son visage derrière un voile. Le père est étonné, il dit : « C'est étrange, on dirait la cuisine de ma fille, celle que j'ai mariée à un pauvre homme malade ! » La fille se dévoile et son père la reconnaît soudain. Il s'exclame : « En effet ! Tu avais raison, c'est Dieu qui te nourrit ! »

Mais l'histoire qu'Hina aime le plus, c'est celle-ci :

— Un aveugle et un bègue sont sur un vélo. C'est l'aveugle qui conduit et le bègue est assis derrière. L'aveugle dit au bègue : « Quand tu vois un trou dans la route, tu me préviens pour ne pas qu'on tombe dedans. » Le bègue acquiesce. Soudain, il se met à hurler : « T… t… t… » ! L'aveugle lui répond : « Mais qu'est-ce que tu dis ? » Ils tombent tous les deux du vélo. Le bègue s'écrie : « Trou ! »

Cela fait beaucoup rire Hina. Ensuite, elle veut que je lui chante des berceuses. Mais j'ai besoin de repos. Le dixième jour, je suis enfin debout et capable de cuisiner.

15

J'ai fini par récupérer le portable d'Adil. Rubina me l'avait confisqué peu de temps après sa mort. Je l'avais suppliée de me le laisser en souvenir de mon mari. Elle avait rétorqué qu'Adil était aussi son frère et qu'elle avait autant que moi le droit de garder le portable. Après ma guérison, elle me l'a rendu... La présence du téléphone dans ma chambre me rassure. Je peux contacter ma famille quand je veux.

Mes sœurs et mon frère m'appellent régulièrement. Ils veulent savoir si Fawad se comporte bien avec moi. Je leur réponds qu'il est plutôt aimable. Nos relations se sont apaisées. Il a tout fait pour me guérir et je lui en sais gré. De toute façon, c'est mon mari maintenant et je ne peux rien faire contre ça.

Pourtant, Fawad reste sous l'influence de Shirin. Je me suis aperçue qu'il lui rapportait tous mes propos. Je sens que cette sorcière va encore sévir. Et ça ne rate pas. Alors que je viens enfin de récupérer mon téléphone, je commence à recevoir des coups de fil anonymes. Des hommes inconnus m'appellent toute la journée pour me tenir des propos obscènes.

J'en découvre très vite la raison. Shirin a donné mon numéro de téléphone à des mauvais garçons du coin. Ils passent leurs journées à me harceler. Chaque fois que je décroche, c'est pour entendre des choses indécentes. Je vois bien les regards narquois que Shirin me lance dès que la sonnerie retentit. Je finis par ne plus répondre. J'enrage mais j'ai bien trop honte de ces propos orduriers. Je décide d'aller au bazar pour investir dans une nouvelle carte SIM. Mais dès le lendemain, les appels anonymes reprennent. Comme par hasard, ils ont trouvé mon nouveau numéro...

Je fais part de la situation à Fawad. J'espère qu'il va me protéger de Shirin la malfaisante. Il m'assure qu'il va s'en charger. Mais le lendemain, il vient me voir, furibond :

— Shirin me dit que c'est toi qui as contacté tous ces garçons... Il paraît que tu as des amants dans le village ?

Je tombe des nues. Je ne peux imaginer une telle mauvaise foi.

— Enfin Fawad, si c'était la vérité, je ne t'en aurais pas parlé, voyons ! Tu sais bien que Shirin me déteste ! Elle invente tout le temps des histoires !

Un matin, je me rends au bord de la rivière avec mes belles-sœurs pour laver les vêtements de Fawad. Sur place, je m'aperçois que j'ai oublié mon savon. Je demande poliment le sien à Shirin. Elle ricane très fort :

— Tu as assez d'argent pour appeler tes amants, alors tu dois bien en avoir pour t'acheter du savon ?

— Tu dis n'importe quoi !

Shirin ramasse une branche par terre et me frappe de toutes ses forces. Le coup m'atteint dans le dos avant que je n'aie pu l'esquiver.

Les autres femmes nous regardent, interloquées, mais aucune n'ose lever le petit doigt pour me protéger. Je ramasse le linge et je rentre à la maison en maudissant Shirin. Mon dos me fait mal. Une fois dans ma chambre, je relève ma tunique, mon dos est rouge et douloureux.

J'ai à nouveau des accès de convulsions. Shirin a vraiment décidé de faire de ma vie un enfer. Je garde le lit le soir. Fawad s'inquiète. Il craint sans doute une rechute car il propose de m'emmener demain matin rendre visite au Pir guérisseur, dans son village de Lal San Di Crore. J'accepte avec joie.

Le lendemain, une voiture commandée par Fawad vient nous chercher. Mais Shirin provoque un esclandre alors que nous sommes sur le point de partir. Elle a trouvé un prétexte de dispute. Elle déclare que je n'ai pas remboursé Fawad pour les courses, ce qui est vrai, j'ai oublié de payer les piments verts...

Je paie moi-même pour toutes mes dépenses, Fawad est un vieux radin, il ne me donne jamais un sou. Depuis ma guérison, j'ai pu reprendre mon travail dans les champs et je gagne donc un peu d'argent.

Je lance à Shirin :

— J'ai oublié de le rembourser ! La belle affaire...

Shirin se fait menaçante :

— Si tu ne rembourses pas les piments, tu n'auras pas le droit d'aller au mausolée.

Je lui tends avec dédain un billet de 5 roupies. Mais Shirin cherche la querelle, elle veut la bagarre. Elle vocifère :

— Pourquoi tu as besoin d'emmener Fawad avec toi, tu ne peux pas y aller seule ?

Elle m'insulte et Fawad fait la sourde oreille. Les voisins, eux, ont très bien entendu les cris. Ils s'attroupent autour de nous. Shirin fulmine, elle est contente d'avoir son public. Elle prend les voisins à partie :

— Cette Naziran, ce n'est pas une honnête femme, elle joue les innocentes mais c'est une perverse ! Elle couche avec tout le monde au village !

Mes voisins exigent que Shirin se calme. Mais Fawad, lui, s'est éloigné prudemment, l'air de rien. Je suis atterrée par sa veulerie. Il évite de prendre parti pour avoir la paix ? Eh bien, il va l'avoir, la paix. Je ne vais plus lui adresser la parole. Je dis au taxi de s'en aller, en retenant mes larmes.

— Je suis désolée, je n'ai plus envie de me rendre au mausolée. Excusez-moi…

Je cours m'enfermer dans ma chambre pour pleurer. Rubina entre et entoure mes épaules de son bras. Je la repousse :

— Tu as assisté à toute la scène ! Pourquoi tu n'as rien dit ? C'est pourtant toi qui m'as pressée d'épouser Fawad !

Rubina est désolée :

— Je ne peux rien dire Naziran, sinon je me mettrais Fawad à dos. C'est mon frère, tu comprends ?

Non, je ne comprends pas que personne ne prenne ma défense alors qu'on m'a forcée à me marier. Le lendemain je décide d'aller voir le *Pir* toute seule. Sans Fawad. Je prends le bus sur la grande route devant le village. En arrivant chez le *Pir* à Lal San Di Crore, j'ai le cœur empli de rage et d'amertume. Mais la famille du *Pir* m'accueille avec tant de chaleur que j'en oublie presque ma colère. Sa mère, sa femme et ses enfants m'offrent une tunique de coton bleue et des bracelets. Le *Pir* me salue avec douceur. Il est assis devant chez lui, il fume du tabac dans une pipe à eau.

Sa femme a cuisiné un repas en mon honneur, des épinards à l'huile et un ragoût de poulet. Pendant le repas, le *Pir* me raconte sa vie. Ses ancêtres étaient également des guérisseurs de ce village, leur savoir s'est transmis de génération en génération. Je suis intriguée, je lui demande s'il connaît aussi la magie noire. Il me répond que oui, mais il ne la pratique pas.

— Quand j'étais un jeune *Pir*, j'ai été initié. J'ai séjourné quarante jours et quarante nuits dans un cimetière, m'explique-t-il. Cela m'a conféré des pouvoirs spéciaux. J'ai prié sans interruption afin de combattre les forces maléfiques. Sinon elles m'auraient détruit. Certains apprentis *Pirs* sont devenus fous en revenant du cimetière, ils n'ont pas su maîtriser les esprits du mal.

Le *Pir* me raconte ensuite qu'il possède des djinns captifs. Ce sont des génies qu'il a apprivoisés et mis sous son contrôle.

— Je peux leur demander, par exemple, de prendre possession du corps d'une chèvre. Ensuite je donne la viande de cet animal à quelqu'un et cette personne se met à parler comme une chèvre !

Son histoire me fait rire. Je lui demande en plaisantant s'il me peut me préparer un morceau de chèvre pour le donner à Shirin. Ce serait une bonne vengeance. Le *Pir* sourit. Il me scrute avec attention et m'interroge à son tour.

— Pourquoi as-tu épousé Fawad ?

— Je n'ai jamais voulu l'épouser. C'est ma belle-famille qui m'y a forcée. Ils m'ont fait du chantage, ils m'ont menacée de me prendre mes enfants...

Les larmes se mettent à couler sur mes joues. Le *Pir* s'exclame, de sa voix rocailleuse :

— Ne t'en fais pas. Le jour du Jugement dernier, les hommes mauvais seront punis par Allah. Ils iront brûler en enfer. Il ne faut pas pleurer. Sois heureuse malgré tout. Avec le temps, cela va s'arranger.

Le *Pir* se penche vers moi et murmure :

— Je vais te dire un secret. À l'avenir, pour te protéger des djinns, tu dois réciter sept fois : « *La ghalebo Illalah.* » Cela les tiendra à distance.

Le *Pir* me donne aussi un flacon d'huile de moutarde sur laquelle il a récité des formules magiques. C'est un remède qui marche pour soigner tous les maux selon lui. Comme il se fait déjà tard, je vais passer la nuit ici. Je dors sur une natte dans une chambre avec les femmes.

En rentrant chez mes beaux-parents, le lendemain, je suis plus sereine, j'ai ravalé ma colère. Je raconte à Kirane que le *Pir* m'a trouvé en pleine forme. Je vais suivre ses conseils et accepter mon sort. Le visage de Kirane s'illumine.

— Très bien, c'est une bonne nouvelle !

Ma belle-mère a dû rapporter mes propos à Fawad. Car il s'invite dans ma chambre le soir même. Il veut dormir avec moi. Je le laisse entrer cette fois-ci. Je me dis que je dois être patiente, les choses finiront par s'arranger dans ma vie. Mais j'aime toujours Adil. Le lendemain matin, j'entends ma belle-mère qui encourage Fawad à venir dormir avec moi tous les soirs. Elle espère que je vais enfin avoir un fils.

Bien entendu, après cette nuit où son mari est resté dans ma chambre, Shirin est déchaînée. Elle est inquiète de voir Fawad lui échapper. Elle me croise dans la cour et me glisse :

— Tu ne perds rien pour attendre. Un jour, je vais jeter de l'acide sur ton joli minois, tu seras tellement défigurée que tu ne te reconnaîtras même pas. Je te tuerai, pas en une seule fois, mais tous les jours.

Une sueur glacée me parcourt l'échine. Cette fois-ci, Shirin me fait vraiment peur. L'acide est une arme à la portée de tous. Nous en achetons des jerricans entiers, qui sont stockés dans la cabane à outil pendant la saison du coton. L'acide sert à nettoyer les graines de coton, pour enlever leur écorce et les faire éclore, avant les semences. C'est un travail très dangereux effectué par les femmes. Nous enfilons des gants épais pour cette tâche. Et même avec les gants, l'acide brûle le bout des doigts. Quand une goutte tombe par terre, un trou se forme dans le sol. Les bouteilles s'achètent dans les boutiques au village pour 30 ou 40 roupies. Shirin est bien capable de mettre sa menace à exécution.

Inquiète, j'en parle à Kirane. Ma belle-mère hausse les épaules :

— Ne t'inquiète pas, ce ne sont que des mots. Cela finira par lui passer.

Je n'en suis pas aussi certaine qu'elle. Shirin est terriblement jalouse. Elle caresse toujours l'espoir que je vais retourner dans ma famille. Fawad, lui, est très fier d'avoir deux femmes. Je sais que cela lui permet aussi de manipuler Shirin. Quand il veut l'obliger à faire quelque chose, il lui glisse qu'il va aller dormir avec moi.

Le soir-même, dans ma chambre, je préviens Fawad que Shirin menace de me tuer, mais il éclate de rire. J'en ai vraiment assez.

— Si tu ne fais rien pour la maîtriser, je vais partir chez mon frère !

Ma menace n'a pas l'effet escompté. Fawad réplique :

— C'est une bonne idée. D'ailleurs, je vais venir avec toi. Allons-y quelques jours… Le temps que Shirin se calme.

J'appelle Salim avec le portable d'Adil et lui propose de venir le voir. Il accepte avec joie :

— Bien sûr, Naziran ! Viens avec tes filles, elles pourront jouer avec mes enfants !

Encore me faut-il la permission de Kirane. Comme je m'y attendais, elle refuse que j'emmène Hina. Elle a peur que je ne revienne plus jamais. Quant à Mukhtara, elle accepte que Fizza m'accompagne, elle est très occupée avec son bébé.

Nous passons deux jours paisibles chez Salim. Je me suis réconciliée avec mon frère depuis ma maladie.

Je profite le plus possible de ce répit loin de Shirin. Je n'ai aucune envie de retourner au village… Et lorsque Salim me propose de partir à Lahore, je saute de joie. Mon frère doit emmener ma belle-mère Zubieda qui souhaite prier pour mon père au grand mausolée du saint Data Ganj Bakch, célèbre dans tout le pays. Fawad accepte sans protester que je fasse le voyage, mais lui rentre au village.

Je vais visiter Lahore pour la première fois de ma vie. Une si grande ville ! C'est excitant et angoissant à la fois. Je prends le bus avec ma petite Fizza, Salim et Zubieda. Ma belle-mère s'est radoucie depuis la mort de mon père, je ne reconnais plus la mégère hystérique qui me terrorisait. C'est devenu une vieille femme fragile, qui marche à petits pas. Le trajet en bus dure sept heures. La route est mauvaise et les passagers tressautent à chaque cahot. Ma petite Fizza se tortille comme un ver, elle a envie de jouer et supporte mal d'être assise aussi longtemps.

Heureusement le bus s'arrête de temps à autre dans des restaurants sur le bord de la route. Ce sont des bicoques de quelques planches de bois, où l'on sert du thé au lait et des ragoûts de viande. Des routiers, conducteurs de lourds camions décorés de peintures multicolores, sirotent leur thé sur des fauteuils en plastique sous une bâche.

J'achète des confiseries à ma fille, des chips et une bouteille de soda. Quand nous arrivons enfin à destination, tard dans la soirée, la gare routière est grouillante de monde. Une foule compacte se presse entre les bus qui arrivent et ceux qui partent, à destination de toutes les grandes villes du pays.

Nous sommes montés tous les quatre dans un *rickshaw*, serrés comme des sardines dans la petite cabine. Notre véhicule, qui crache de la fumée huileuse, est coincé dans les embouteillages. On distingue à peine les façades des bâtiments à cause de la pollution. Un nuage jaune et collant plane sur la cité.

Nous arrivons enfin dans le vieux centre-ville. Nous traversons la route en manquant de nous faire renverser. Nous allons visiter la fameuse tombe de Data Darbar. C'est le plus grand sanctuaire de Lahore. Devant le mausolée, des hommes accroupis sur le sol devant des flacons d'huiles, proposent des massages. D'autres ont des perroquets apprivoisés qui tirent des petits rouleaux de papier dans une boîte. Leurs propriétaires prétendent y lire l'avenir. Dans un stand à gauche du mausolée, j'achète une brassée de pétales de roses que le marchand m'emballe dans un papier journal.

Nous pénétrons enfin dans le sanctuaire, pressés par la foule des pèlerins. Les murs blancs de l'édifice sont percés de multiples entrées. Ils abritent une immense esplanade de marbre blanc. J'entends parler des langues étranges que je ne comprends pas. Des gens de tout le pays viennent ici en pèlerinage. Nous nous déchaussons à l'entrée et nous devons nous séparer. Avec Zubieda, nous suivons la file des femmes. Salim se dirige seul vers le coin des hommes. Nous descendons des marches et nous atteignons enfin la sépulture du saint. Certaines femmes effleurent en pleurant les linceuls brodés de fils dorés qui recouvrent la sépulture en marbre du grand soufi Data Ganj Bakch.

Quand j'accède enfin à la tombe, je la recouvre de pétales. Je reste à genoux et je prie. On m'a dit que les pèlerins qui se rendent à Data Darbar obtiennent satisfaction. Je me sens tellement bien ici que nous décidons de passer la nuit dans le mausolée. Sur le parvis, des guérisseurs aux longs cheveux malpropres, vêtus de tenues chatoyantes, proposent des produits miracles dans des petites fioles, censés guérir toutes sortes de maladie.

— C'est une formule à base de venin de serpent ! crie l'un d'eux. Cela rend les hommes vigoureux !

Des infirmes, des fakirs et des mendiants déambulent dans la grande cour du Darbar, entre les familles et les vieillards. Le soir, les employés du mausolée distribuent des repas gratuits. Les pèlerins et les pauvres du quartier font la queue. La file s'allonge jusque dans la rue. Chacun reçoit une galette de pain sur laquelle les employés versent une louche de soupe de lentilles, cuisinée dans une grande marmite. Il y a aussi du riz sucré coloré que Fizza adore. Au sous-sol, des musiciens ont entamé un concert de *qawali*. La voix puissante du chanteur me subjugue. J'ai les larmes aux yeux d'entendre ces chants d'amour poétiques d'une beauté renversante.

Toute la soirée, je prie Dieu. Je le supplie d'abord de me pardonner mes péchés. Je lui demande aussi pourquoi il m'a punie ainsi, avec cette vie. Je l'implore. Je voudrais être heureuse, Dieu, fais qu'il n'y ait plus de disputes à la maison ! Fais que Shirin cesse de me persécuter ! Je promets que s'Il écoute mes prières, j'offrirai une chèvre en sacrifice.

Puis je serre ma petite Fizza contre moi et je me pelotonne sur une natte à côté de Zubieda qui dort déjà profondément, au milieu de dizaines de femmes allongées à même le sol. J'en suis certaine, ici le saint nous protège des forces du mal. Je ressens dans tout mon être la puissance de son esprit bienveillant. Je m'endors apaisée.

Le lendemain matin, nous quittons le mausolée pour aller visiter le zoo de Lahore. Le zoo est situé au cœur d'un grand parc. C'est un havre de paix dans cette ville trépidante et enfumée. Fizza me montre en riant les petits singes qui se poursuivent. Moi, je suis fascinée par un grand lion pelé qui tourne en rond dans sa cage. Salim nous propose ensuite d'aller faire des courses au bazar d'Anarkali, « La Fleur de grenadier », l'un des plus anciens marchés de Lahore. Je reste à proximité de Zubieda et de mon frère, j'ai peur de me perdre et de ne jamais retrouver mon chemin dans ce dédale de ruelles aux effluves de fritures et de bouches d'égout. Des dizaines de boutiques étalent leurs marchandises en devanture, vêtements, chaussures, jouets, bijoux, sacs... Tout est très tentant. Je décide d'acheter un cadeau pour Fawad. Je veux lui offrir deux tuniques taillées dans le fameux tissu de Lahore. Un jeune commerçant me fait l'article de ses vêtements, les plus chics de la ville selon lui. Les tuniques me semblent parfaites. Salim m'aide à négocier, il me glisse :

— Le vendeur voit bien que nous sommes des villageois et il va essayer de nous arnaquer...

Une fois l'affaire conclue, mon frère nous offre une barquette de patates douces arrosées de jus d'orange et saupoudrées de piment qu'un marchand ambulant a grillées sur une jarre de terre où brûle du charbon. Salim me tend une liasse de billets pour que je fasse d'autres emplettes. Je m'achète un assortiment de tasses de thé et d'assiettes en plastique. Dans le bazar des vêtements pour femmes, je négocie des robes roses avec des volants pour Hina et Fizza.

Le soir, nous dînons tous ensemble chez Fauzia, ma demi-sœur. Elle vit dans un immeuble décrépi de la vieille ville. Les compteurs d'électricité envahissent l'entrée du bâtiment comme une toile d'araignée géante. Fauzia habite un tout petit appartement avec son mari et ses enfants. Elle nous a déroulé une natte par terre dans son minuscule salon, pour le repas.

Nous reprenons le bus le soir même et nous voyageons toute la nuit sur la mauvaise route trouée de nids-de-poule. Nous arrivons chez Salim au petit matin. Le trajet m'a éreintée. Les autres passagers étaient exaspérés car ma fille n'arrivait pas à dormir, elle a crié toute la nuit.

Salim et Zubieda me font leurs adieux tandis que je poursuis mon trajet en minibus vers le village de ma belle-famille. Quand je repense à mon séjour à Lahore, je crois que c'étaient les plus beaux jours de toute ma vie. Je me sens revivre, je suis pleine d'enthousiasme. Mes prières vont être exaucées, j'en suis certaine.

Quand nous atteignons la cour de notre maison, ma belle-sœur Mukhtara nous attend. Elle pousse un grand cri en nous apercevant, elle attrape Fizza et la serre de toutes ses forces dans ses bras. Elle est effondrée. Son bébé de trois mois est mort pendant que nous étions parties. La fillette, emportée par une mauvaise diarrhée, a été enterrée la veille.

Mukhtara s'arrache les cheveux, elle s'en prend à moi. Elle est persuadée que si je lui avais laissé Fizza, elle lui aurait porté chance et le bébé serait encore en vie. Je suis très triste pour elle et je n'ose pas lui rappeler qu'après la naissance de son enfant, elle ne s'occupait plus du tout de Fizza. Je tente de la réconforter et je lui assure qu'elle va sans doute tomber à nouveau enceinte.

Peu après, je vais déposer tous mes paquets dans ma chambre. Ma belle-mère et Rubina ne me lâchent pas d'une semelle. Elles me posent des milliers de questions : qu'est-ce que j'ai fait ? Où est-ce que je suis allée ? D'où viennent tous ces présents que j'ai rapportés ? Kirane examine les objets :

— Comment se fait-il que tu aies de l'argent pour acheter tout cela ?

— C'est mon frère qui m'a fait des cadeaux.

Fawad fait irruption dans la pièce à ce moment-là. Je suis toute heureuse de lui faire une surprise. Je lui tends en souriant le paquet où sont soigneusement emballées ses nouvelles tuniques. Mais Fawad déchire le papier avec agacement et palpe les habits en maugréant :

— C'est du mauvais tissu ! Tu t'es fait avoir ! C'est hors de question que je les porte !

Il jette les vêtements par terre.

— Mais non, Fawad, elles m'ont coûté 700 roupies pièce !...

Je suis consternée par sa réaction. Je ramasse les tuniques, les larmes aux yeux. Je maugrée :

— De toute façon, si tu n'en veux pas, je les donnerai à quelqu'un d'autre.

Le matin, j'aide Kirane à ranger les ustensiles de cuisine. Nous suspendons les marmites et les casseroles sur les branches bien droites et dénuées de feuilles d'un arbuste planté dans le sol de la cour. On dirait un arbre magique sur lequel pousseraient des fruits étranges.

Ce voyage m'a fait du bien mais je sens à l'attitude de Fawad et aux regards de Shirin que quelque chose ne tourne pas rond.

16

« Ce n'est qu'une traînée ! » Mon beau-frère Rafiq rugit, il brandit sa main vers le ciel. « Allah ! Qu'est-ce que j'ai fait pour mériter une fille pareille ? » Il fixe avec dégoût sa fille, Jendan, âgée de 13 ans.

— Vous vous rendez compte, elle n'a plus ses règles depuis trois mois ! Cette garce est enceinte !

Jendan, une adolescente au joli visage rond, s'effondre par terre, elle pleure à gros sanglots. Son père fulmine. Je n'avais jamais vu mon beau-frère dans cet état-là. Rafiq attrape soudain les cheveux de Jendan et la gifle à tour de bras. Jendan, terrorisée, finit par crier :

— Ce n'est pas ma faute, père !

Elle gémit, la voix entrecoupée de sanglots :

— C'est Adnan, le mari de Roxana, c'est à cause de lui... !

Je sursaute. Le mari de Roxana ? C'est donc un séducteur, comme me l'avait dit Adil. Adnan a toujours été respectueux avec moi mais j'ai remarqué son regard sur les jeunes filles du village quand elles passent devant sa maison. Dans nos campagnes, ce n'est pas rare que les hommes aient des liaisons. Ils sont rarement punis mais pour les filles, c'est une autre histoire. Et là, le problème, c'est que Jendan n'est pas mariée. Une mère célibataire, c'est une honte bien trop grande pour la famille. C'est impossible.

Rafiq bouillonne de rage. Il assène une nouvelle gifle à Jendan et lui ordonne de rentrer immédiatement à la maison. Elle ne doit pas en sortir, elle va rester sous la surveillance de sa mère. Sadia, la mère de Jendan, rouge de honte, donne une taloche à sa fille et lui ordonne sèchement de se dépêcher. Elles disparaissent sur le sentier. Mumtaz, le grand-père et patriarche du clan, réunit toute la famille dans la cour. Les hommes sont assis en cercle, les femmes restent accroupies derrière. C'est le branle-bas de combat. Il faut prendre une décision. Rafiq hurle :

— Je vais tuer Adnan aujourd'hui même, voilà comment nous allons retrouver notre honneur ! Il devrait avoir honte de débaucher une jeune fille !

Mais Mumtaz, le patriarche, n'est pas d'accord. Il déclare posément :

— Adnan est le père d'une fillette de un an. Il faut l'épargner. Nous ne pouvons pas faire d'elle une orpheline. Elle est innocente.

De toute évidence, Rafiq est déçu. Mais les autres approuvent le patriarche. Il doit s'incliner.

— Bien, cher père… Que proposes-tu alors ?

— Nous allons chasser Adnan du village. Comme cela, il ira commettre ses méfaits ailleurs. Et nous cesserons de fréquenter sa famille.

La sentence est mise à exécution. Mumtaz va prévenir Adnan qu'il doit déguerpir le jour même. Sinon, il ne répond plus de sa vie. Ma cousine Roxana reste prostrée dans sa chambre, tandis que Adnan prépare en vitesse un sac avec des affaires. Roxana se retrouvera seule avec son enfant. Elle murmure à Mumtaz qu'elle va sans doute retourner vivre chez ses parents le temps que les choses se calment.

Quant à Jendan, sa mère va l'emmener chez la *daï* du village. Bien que ce soit illégal, la *daï* pratique aussi les avortements. Ce n'est un secret pour personne. Cela lui arrive souvent. Les gens du village n'utilisent pas de moyens de contraception. Je ne savais d'ailleurs même pas ce qu'étaient les pilules et les injections contraceptives avant qu'on me l'explique, plus tard, à Islamabad.

Ainsi, quand une fille célibataire tombe enceinte, elle est avortée par la *daï*. Cela coûte environ 2 000 roupies (20 euros). Si la patiente n'a pas les moyens, la *daï* se fait payer en nature. Elle réclame une poule ou une tunique neuve. Les sages-femmes traditionnelles utilisent différents moyens pour mettre fin à la grossesse. Elles peuvent provoquer une fausse couche avec une décoction de plantes. Ou bien, elles opèrent à vif, sans anesthésie, avec un cintre ou une plume de paon. C'est assez risqué et j'ai entendu dire que des femmes en étaient déjà mortes.

Quand Mumtaz revient de chez Adnan, les membres de la famille l'attendent, toujours assis dans la cour. Reste à régler un autre problème à présent. Rafiq est très inquiet pour l'avenir de sa fille. Il veut marier Jendan en vitesse pour éviter qu'elle ne le déshonore à nouveau. Il a une idée derrière la tête :

— Jendan pourrait épouser Bilal…

Bilal est l'un des fils cadets de Fawad. Il est âgé de 9 ans. Mais Bilal est déjà fiancé à ma fille Hina… Je m'écrie :

— Bilal est le futur mari d'Hina ! En tout cas, c'est ce dont Fawad et Adil étaient convenus à la naissance de ma fille.

Dans notre région, les cousins sont souvent mariés entre eux pour que les terres restent dans le clan. Cela se pratique beaucoup dans ma belle-famille. Adil en avait décidé ainsi, il voulait suivre la tradition. Le sort de ma fille a été scellé par son père et son oncle. Âgée de quelques semaines, elle était déjà fiancée au fils cadet de Fawad. J'approuvais cet accord car mon neveu Bilal est un garçon éduqué, c'est l'un des seuls enfants de la famille qui va à l'école. Il aura peut-être un bon travail plus tard, ce serait bien pour Hina.

Lorsqu'Adil est décédé, j'ai coiffé la tête de Bilal d'un turban blanc en signe de respect, pour montrer que c'était lui à présent l'homme de ma famille. Mon futur gendre. Mais depuis mon mariage avec Fawad, Shirin voulait contrecarrer ces plans. Je sais qu'elle se lamente tout haut de temps à autre : « Naziran m'a pris mon mari et en plus elle veut me prendre mon fils ! » En vérité, je n'ai pas non plus envie que ma fille se retrouve avec Shirin comme belle-mère ! Je suis donc plutôt soulagée si Jendan doit épouser Bilal.

Mais nous attendons tous la décision du père de Bilal, le vieux Fawad. Il est ennuyé par la proposition de son frère. Il sait que mes filles ont hérité d'une partie des terres d'Adil. Depuis mon mariage, c'est lui qui les gère, et je me doute bien qu'il veut les garder. Il a d'ailleurs récupéré les profits de la dernière récolte de ces terres sans me reverser une seule roupie pour mes filles. Fawad reste songeur, puis il suggère :

— Très bien, nous allons marier Jendan à Bilal si tu le souhaites. Et Hina épousera Akbar, mon petit dernier.

Akbar a 8 ans, Hina en a 3... L'affaire est conclue. Mais au fond de moi, je ne suis pas d'accord avec ce marchandage. Alors que la réunion de famille est terminée, je prends Fawad à part.

— Écoute, ma fille n'est pas une propriété. Je ne veux pas la vendre. Elle est trop jeune de toute façon pour qu'on décide de son mariage. Et je ne veux pas qu'elle se retrouve belle-fille de Shirin ! Tu sais très bien que Shirin se vengera sur elle.

Fawad me regarde avec étonnement puis il ricane :

— Qu'est-ce que tu crois ? J'organiserai leurs fiançailles, que tu le veuilles ou non.

Je résiste.

— C'est moi qui décide. Je suis sa mère ! Toi, tu n'es pas son père !

Nous nous disputons toute la soirée à ce sujet. Nos relations se dégradent encore les jours suivants, à la grande joie de Shirin. Fawad m'ignore, il reste dans sa maison et ne vient plus me voir le soir.

Mais une autre histoire vient encore perturber la famille quelques semaines plus tard. Cette fois, l'affaire éclate à cause de Hamida... la fille aînée de Rafiq, la grande sœur de Jendan. Hamida est une femme séduisante. Elle est fine comme une liane, elle a un petit nez et de grands yeux noirs.

Or la belle Hamida a un amant depuis longtemps. C'est Javed, le neveu de Shirin. Sa maison est située entre la mienne et celle de Shirin et

Fawad. Javed est un bel homme d'environ 25 ans. Mais il n'a pas bonne réputation dans la famille. C'est un voleur. Il vit de rapines et de cambriolages. Avec deux acolytes du village, il détrousse les paysans à la nuit tombée. Trois fois, les policiers l'ont arrêté, et ses parents ont dû leur donner un peu d'argent pour que leur fils soit relâché.

Le père de Hamida, Rafiq, n'était pas d'accord pour que sa fille épouse Javed. Il y a quelques mois, il a donc marié Hamida à Korra, l'un des fils de Fawad et de Shirin. Korra est un garçon étrange qui me fait un peu peur. Il a parfois des crises de folie, il s'énerve d'un seul coup et devient très violent. Mais je sais bien que, même après son mariage, Hamida a continué à fréquenter Javed.

Ce matin, donc, je suis dans la cour en train de trier des lentilles quand j'aperçois Korra sur le sentier. Je suis étonnée qu'il revienne des champs avant l'heure du déjeuner. Il marche d'un pas vif, il tire sa femme Hamida par les cheveux. En arrivant près de notre cour, il hurle à Kirane :

— Je l'ai surprise là-bas dans les herbes hautes, elle était en plein ébat avec Javed ! Il faut chasser ce chien de notre village !

Korra est fou de rage. Il bouscule sa femme, elle tombe à terre. Hamida se recroqueville sur le sol. Son visage est couvert de sang. Fawad est sorti en vitesse de sa maison, il interroge son fils :

— Tu sais où est passé Javed ?

Korra rugit :

— Il s'est enfui en courant ! Il n'a pas intérêt à remettre les pieds ici !

Fawad prévient immédiatement Rafiq, le père d'Hamida. Il arrive dans la cour en pestant. Il est furieux que son honneur ait été sali et promet de massacrer Javed s'il le croise. Il part sur le sentier qui mène au champ des parents de Javed. Nous le suivons à distance avec le reste de la famille. Il tonne :

— Je vais me venger ! Quelle honte pour ma fille !

Au milieu du champ, Rafiq aperçoit la mère de Javed qui coupe des brassées de foin avec ses filles. Il se dirige vers elle d'un pas rapide. La mère de Javed a une quarantaine d'années, elle est déjà vieille et ridée. Quand elle voit Rafiq débouler, fou de rage, elle se relève, surprise. Elle cligne des yeux.

— Que se passe-t-il ?

La mère de Javed n'a pas le temps de comprendre ce qui lui arrive. Rafiq se jette sur elle. Il lui arrache sa ceinture et baisse son pantalon devant tout le monde puis il lui touche la poitrine. Les sœurs de Javed poussent un cri et partent en courant. Rafiq triomphe :

— Maintenant nous sommes quittes ! Ton chien de fils n'a pas intérêt à remettre les pieds ici !

Puis il repart chez lui, laissant la mère de Javed honteuse et humiliée. Elle se rhabille en pleurant.

Le lendemain, en fin d'après-midi, ma belle-mère veut m'envoyer chez le voisin Jalil pour lui acheter des semences. Il va bientôt falloir semer le blé et nous n'avons plus de grains en réserve dans le silo. Je demande la permission de Fawad. Mais il m'ordonne de rester à la maison, il se méfie du voisin. Ma belle-mère s'énerve.

— Pourquoi Naziran ne peut pas y aller ?

— Je n'aime pas qu'elle sorte, c'est tout. Elle va sûrement fricoter avec le voisin !

— Ne dis pas de bêtises. Nous avons besoin de grains pour les champs. Notre stock de semences est fini.

Fawad bougonne. Il finit par accepter.

Je suis contente de rendre visite aux voisins, cela me change un peu les idées. Mon voisin Jalil me considère comme sa sœur. Il m'offre souvent de l'argent, des habits et de la nourriture pour moi et mes filles. Il fait cela en secret car il a peur que ma belle-famille ne s'empare de ses présents. Toute sa famille est très aimable avec moi. Ils m'accueillent avec gentillesse. La femme de Jalil me propose de dîner avec eux. Elle a préparé des pommes de terre et des fruits. Jalil part même acheter des sodas au bazar.

— Tu veux venir avec moi ? Je t'achèterai des cadeaux pour tes filles.

Je suis émue de son attention.

— Merci Jalil, c'est très gentil mais ce n'est pas la peine.

Quand il revient, nous nous asseyons autour du repas que son épouse sert sur une nappe en plastique. Jalil me demande pourquoi je ne viens pas les voir plus souvent. Je soupire.

— Je n'ai pas le droit de sortir. Si j'ai pu venir aujourd'hui, c'est seulement parce que nous avons besoin de grains. D'ailleurs 20 kg, combien est-ce que ça coûte ?

Jalil se met à rire.

— Je te les offre Naziran, c'est hors de question que tu paies.

Je le remercie de tout cœur. Jalil sourit.

— Il n'y a pas de quoi. C'est normal que nous t'aidions. Je sais que tu as eu beaucoup de soucis. Comment cela se passe dans ta famille ?

— Cela va beaucoup mieux. J'ai toujours des ennuis avec Shirin. Mais j'espère que ça va s'arranger.

Après le dîner, sa mère me donne aussi un billet de 100 roupies et sa sœur m'offre deux petites chaises pour enfant. Je ne peux pas porter seule le sac de grains et les cadeaux alors Jalil me ramène lui-même en moto. Je m'assois derrière lui en amazone avec mes paquets. Quand j'arrive chez moi, Kirane est ravie d'apprendre que les voisins m'ont offert le grain. J'installe les chaises pour enfant dans la cour, à côté du lit de corde. C'est à ce moment-là que Rubina, ma belle-sœur, vient me chercher avec un air mystérieux.

— Naziran, il faut que je te parle. Viens, allons dans ta chambre.

Je la suis, intriguée. Nous nous asseyons par terre. Rubina chuchote :

— Naziran, tu te rappelles de Bakhti ?

Bakhti est une voisine de notre village. C'est une femme mariée, mais elle a été la maîtresse de Fawad pendant longtemps. D'ailleurs, elle a une fille de 14 ans qui ressemble étrangement à Fawad...

Un jour, bien avant mon mariage, les frères de Bakhti ont découvert cette liaison. Ils ont attrapé Fawad et l'ont frappé à coups de bâton, tellement fort qu'il s'est évanoui. Ils l'ont laissé pour mort et sont partis. Mais Fawad a repris conscience et il est rentré tout ensanglanté à la maison. Shirin l'a soigné pendant plusieurs jours. Je sais que Fawad a continué à voir Bakhti par la suite.

— Eh bien, Fawad et Bakhti sont toujours amants ! m'apprend Rubina. Je l'ai vue hier soir, elle a dormi chez lui et Shirin. Ils sont partis tous les trois ensemble au bazar ce matin.

Je savais que Fawad était un coureur de jupons, mais tout de même, il a deux femmes maintenant, il pourrait se tenir !

Rubina ajoute avec un sourire en coin :

— Tu sais que Fawad demande à Shirin de lui trouver des maîtresses. Il frappe Shirin si elle ne lui obéit pas. Alors Shirin attire des femmes chez elle, elle les invite et leur propose à manger. Ensuite, Fawad essaie de les séduire.

Je dis à Rubina que je vais parler à Fawad dès ce soir. Quand il rentre des champs, je le fais venir dans ma chambre. Je lui demande d'une voix glaciale :

— Il paraît que tu as revu Bakhti ? Alors, comme ça, tu as de l'argent pour tes putains et pour Shirin mais pas pour moi ? Tu ne me donnes jamais rien !

Il me regarde avec des yeux pleins de haine et m'assène une gifle. Je le menace de prévenir les frères de Bakhti, qui vont certainement le passer à tabac de nouveau. Fawad s'énerve :

— Je veux divorcer, j'en ai assez de tes histoires !

Il m'attrape et serre ses mains autour de mon cou pour m'étrangler. Je suffoque. Il rugit :

— Je vais te tuer !

Je n'arrive plus à respirer, je me débats. Il me tire par les cheveux et me jette dehors. J'essaie de le frapper. Alertés par les cris, des voisins commencent à se rassembler autour de nous. Je hurle :

— Tu n'es qu'un salaud ! Comment oses-tu me traiter comme ça ? Je vais partir chez mon frère ! Je vais partir pour toujours !

Je suis hors de moi. L'un de nos voisins m'interpelle :

— Naziran, tu ne peux pas t'en aller maintenant, il fait déjà nuit. Viens dormir dans ma famille si tu veux. Tu partiras demain.

Kirane a accouru. Elle gifle Fawad devant tout le monde.

— Tu jettes le déshonneur sur notre famille ! Regarde, tout le village te voit ! Tu devrais avoir honte !

Fawad hurle. Les voisins tentent de le calmer. Pendant ce temps-là, Faiz, le mari de Mukhtara, m'entraîne à l'écart.

— Viens chez moi, s'il te plaît. Sinon tout le monde va médire sur notre famille. Ils vont encore raconter que tu es maltraitée.

J'accepte et je suis Faiz sur le sentier qui conduit à sa maison. Fawad tonne :

— Où est-ce que tu vas ?

— Tais-toi ! Sinon c'est moi qui vais divorcer !

Je m'assois dans la maison de Faiz, tremblante de rage. Mukhtara essaie de m'apaiser. Elle me sert une tasse de thé. Je fonds en larmes.

— Ne t'inquiète pas, Naziran, ça va aller, me dit gentiment Mukhtara. Tu peux rester ici tant que tu veux.

Kirane nous rejoint, très ennuyée. Elle veut me convaincre de rester, pour l'honneur de sa famille. Elle me lance :

— Naziran, tu étais au courant pour Bakhti et Fawad avant même ton mariage mais tu as quand même accepté.

Fawad surgit dans le pas de la porte, il me menace.

— Je te préviens, si tu tentes de quitter le village, il va t'arriver malheur !

— Je ne resterai pas ici, Fawad, j'en ai assez !

Fawad fulmine, il enlève sa chaussure et me frappe de toutes ses forces. Faiz lui attrape le bras et lui dit que cela suffit, il ferait mieux de rentrer chez lui. Les voisins se sont attroupés autour de la maison, tout le monde nous voit. Fawad repart, fou de rage. Je l'entends qui se moque de moi tout haut :

— Cette pauvre fille, elle est jolie mais elle n'a pas de cervelle ! Nos femmes sont futées et solides, des vraies guerrières ! Naziran, ce n'est qu'une imbécile, elle n'est pas de notre sang...

C'est une de ses insultes préférées. J'appartiens à une autre caste que ma belle-famille, je ne suis pas de l'ethnie baloutche comme eux. C'est une des raisons pour laquelle ils me prennent de haut. Faiz et Mukhtara me disent de ne pas lui répondre.

Le lendemain matin, j'ai repris mes esprits. Je demande à Mukhtara de me laisser ma petite Fizza pour la journée. Elle accepte, en espérant que cela va me convaincre de rester au village. Je rentre chez moi avec Fizza. Hina lui donne des confiseries que Kirane lui a offertes. Je m'allonge sur mon lit avec mes deux filles et nous regardons des clips de danse à la télévision. Ensuite je fais le ménage comme d'habitude et je prépare le déjeuner. Mais au moment du repas, je retourne dans ma chambre. Kirane me demande pourquoi je ne veux pas manger. Je ne lui réponds pas. Je n'ai aucune envie de voir Fawad, je suis encore furieuse contre lui. Kirane me lance, glaciale :

— Fawad t'a donné son nom, et toi, tu l'insultes ? Tu veux le quitter ? Pour qui tu te prends, Naziran ?

L'après-midi, je vais laver des vêtements à la rivière avec mes filles. J'ai une boule dans la gorge. Un mauvais pressentiment ne me quitte pas. Le soir, Kirane vient chercher Hina, elle veut que la petite dorme dans sa chambre. Je raccompagne Fizza chez Mukhtara et je rentre. Peu après, ma belle-mère ramène Fawad dans ma chambre, et lui donne l'ordre de coucher avec moi. Fawad refuse, il crie qu'il me déteste et qu'il aime Bakhti. Il tourne les talons et va dormir avec Shirin dehors, à la belle étoile. Tant mieux. Bon débarras.

Je rallume la télévision et je mets un DVD de Nasi Bolal, un chanteur de musique classique pakistanaise que j'aime beaucoup. Mes nièces viennent regarder les clips avec moi. Je leur dis d'un ton sinistre :

— Aujourd'hui, je vais mourir.

Mes nièces ne comprennent pas pourquoi je dis cela, elles murmurent que je ne dois pas être triste. Les petites sont endormies depuis un moment lorsque je me lève pour aller m'allonger sur un lit dans ma cour. C'est une nuit très chaude et la plupart des habitants dorment dehors à cette saison. C'est alors que je vois le petit Akbar, le fils de Fawad, qui m'espionne derrière le mur. Dès que je lève la tête, il part en courant. Quelques minutes plus tard, je vois sa tête réapparaître. Je trouve cela bizarre.

— Qu'est-ce qui se passe, Akbar ?

Il repart sans rien dire. Je suis accablée par la chaleur, une douce torpeur m'envahit. Je finis par m'endormir profondément. Tout à coup, je me réveille en sursaut, un liquide coule sur ma figure, cela me brûle, je me frotte le visage mais ma peau s'effrite sous mes doigts, des morceaux de chair se détachent. Je hurle de douleur, je hurle mais je ne vois plus rien. Je ne comprends pas ce qu'il m'arrive. J'appelle au secours, je hurle que je suis en train de brûler vivante !

La voix de Fawad crie :

— C'est de l'acide, c'est Javed qui a jeté de l'acide !

J'entends un remue-ménage, les lits qui se cognent, des bruits de pas. Toute ma famille est debout. Mes voisins accourent. Ils me lavent le visage avec de l'eau. Je panique, je touche mon corps, je sens ma chair à vif sous mes doigts. Je suis brûlée sur tout le visage, dans le dos, les avant-bras, le buste, le cou… Le liquide a coulé jusque sur mon ventre. Tout a brûlé. Ma nièce hurle que mes vêtements ont fondu. Fawad jette un voile sur mon corps. Il se met à brûler aussi, on m'enveloppe dans un autre tissu qui se désagrège instantanément… Mes yeux ne voient plus rien, je suis dans le noir, terrorisée.

J'entends Fawad qui crie à la cantonade que c'est Javed l'agresseur, il l'a vu s'enfuir derrière le mur.

17

Je ne suis plus qu'une plaie immense, à vif. Mon corps est en lambeaux. Je suis allongée sur le siège arrière d'une voiture qui m'emmène à l'hôpital de Jalalpur. Pendant le trajet, je n'arrête pas de vomir. Ma belle-sœur m'essuie la bouche. Je ne vais pas survivre jusqu'à l'hôpital, je veux que ça s'arrête, que le supplice se termine. Au bout d'une route interminable, la voiture s'immobilise. Des hommes me portent et me déposent sur un brancard.

Le lit en métal roule dans les couloirs. Un médecin demande ce qu'il se passe. Quelqu'un étouffe un cri. Le docteur m'examine rapidement. Il dit qu'on ne peut pas me soigner ici. Il faut m'emmener à Multan. On me donne des médicaments qui font un peu diminuer la douleur. Je sens sous mes doigts que mon visage est complètement gonflé. Mon buste a aussi doublé de volume.

On m'allonge à nouveau dans la voiture. Le trajet est insupportable, je m'évanouis à plusieurs reprises. À l'hôpital de Multan, je comprends que le docteur est horrifié quand il me voit. Fawad lui raconte que des ennemis de la famille m'ont jeté de l'acide pendant que je dormais.

Le docteur me met sous perfusion. On roule mon lit dans une chambre. Des infirmières entrent dans la pièce, elles me déshabillent entièrement et désinfectent mes plaies. Je les entends parler entre elles. Elles disent que je n'ai aucune chance de m'en sortir. Elles s'en vont. Je me noie dans la nuit.

Ma famille arrive à l'hôpital. Je distingue des taches qui s'agitent. Mes sœurs sont sous le choc, ma mère m'embrasse les pieds en sanglotant. Elle gémit sans arrêt. Le docteur doit lui faire une injection pour la calmer. J'entends mes sœurs se lamenter tout haut.

— Son visage est noir ! Elle est complètement brûlée !

Salim manque de s'évanouir. Il me demande qui m'a fait cela. Je n'arrive pas à parler. Mon frère est furieux car je suis presque entièrement nue sur le lit. Il a honte pour moi, il insulte ma belle-famille. Il demande à ma mère de me couvrir d'un drap. On me donne des antidouleurs mais cela n'a presque aucun effet. Je sombre dans l'inconscience.

Je crois qu'une journée est passée. J'entends la voix de Salim qui me demande comment je vais. Je lui réponds que je vais mourir.

— Ne dis pas ça, Naziran. Tu vas être soignée. Est-ce que tu peux voir quelque chose ?

— Je vois des taches.

— Quelle est la couleur de ma tunique ?

— Je crois qu'elle est bleue.

— Oui, c'est bleu ! Tu vois encore ! Ils vont guérir tes yeux.

Salim demande à Fawad qui a fait cela. Fawad lui répond que c'est Javed, le neveu de Shirin.

Je replonge dans un abîme sans fond.

J'entends des bribes de conversations. Salim a forcé Fawad à déposer plainte. Fawad est allé au commissariat, il a accusé Javed. Des policiers sont allés à la maison, ils ont pris des vêtements, des affaires et les ont emmenés au commissariat pour l'enquête. Mon frère me dit qu'ils ont aussi découvert des paquets de bonbons près de mon lit. Fawad leur a dit que c'est Javed qui me les avait offerts pour me séduire, mais comme je l'ai repoussé, il m'a jeté de l'acide. Les policiers sont venus à l'hôpital de Multan pour m'interroger. Fawad leur a répondu que je n'étais pas en état, alors ils sont repartis…

Ma sœur apporte des médicaments. Rubina lui demande de sortir et d'aller laver mes vêtements. Je suis seule avec Rubina et Fawad. J'ai froid et chaud en même temps, je vomis à nouveau. Fawad me parle.

— La police va revenir. Tu vas leur dire que c'est Javed. Raconte-leur que Javed est venu te harceler le jour même pendant que tu lavais le linge à la rivière et que tu l'as repoussé. Dis-leur qu'il t'a menacé de te jeter de l'acide.

— Mais je n'ai pas vu Javed cette nuit-là !

Rubina réplique :

— Tu sais bien que Javed voulait se venger car nous l'avons chassé du village. Et Fawad l'a vu s'enfuir. Si Fawad l'a vu, ça te suffit. Dis aux policiers que c'est lui. Tu n'as qu'à dire que toi aussi tu l'as vu.

Fawad grommelle :

— Dis-leur que c'est Javed... Tu dois penser à tes filles, Naziran, il pourrait leur arriver quelque chose...

Je tremble de tous mes membres et je m'évanouis à nouveau.

Le lendemain, Salim a rappelé les policiers. Ils sont revenus à l'hôpital. Rubina et Fawad étaient dans ma chambre. J'ai dit aux policiers que j'avais vu Javed, que c'était lui, le coupable.

Les jours qui suivent, je suis sous oxygène, je n'arrête pas de vomir. Ma sœur demande au médecin pourquoi je vomis alors que je ne mange rien. Il explique que c'est à cause de l'acide qui est dans mon corps. Les taches de couleur ont disparu. Tout est devenu noir. Je perds complètement la vue. J'entends le médecin dire que je ne pourrais jamais revoir. Mes yeux sont rongés par l'acide. De toute façon, je vais mourir.

Une dizaine de jours sont passés. J'agonise lentement. Je sens que ma fin est proche. L'odeur de mes blessures est atroce. Mon frère propose de m'emmener à Lahore pour que je sois vue par un autre médecin. Mais le docteur répond que je n'ai aucune chance de vivre, je suis trop brûlée. Il n'y a rien à faire, ce n'est plus qu'une question de jours.

Un homme que je ne connais pas entre dans ma chambre. Il se présente, il s'appelle Murid Abbas Jatoi. Il a une voix douce. Il explique à ma famille qu'il travaille pour une organisation qui s'appelle Acid Survivors Foundation. Ils aident les victimes de l'acide. Il m'examine rapidement :

— Elle est dans un état critique. Il faut l'emmener de toute urgence dans une clinique à Islamabad, là-bas on pourra peut-être la guérir. Il y a des remèdes pour les brûlés. Si elle reste ici, elle va mourir.

Fawad proteste :

— Nous n'avons pas d'argent. Cela coûtera trop cher.

— Ne vous inquiétez pas, tout sera gratuit.

Fawad grommelle :

— Les médecins ont dit qu'elle n'en avait plus que pour quelques heures…

— Il faut lui laisser une chance. Nous vous renverrons le corps si elle meurt à Islamabad.

Fawad n'a pas l'air convaincu. Il tente de trouver un autre argument. Mais Salim réplique :

— Je suis d'accord pour qu'elle soit emmenée à Islamabad. Je vous fais confiance. De toute façon, vous êtes notre dernier espoir. Nous partons quand ?

— Dès que possible, il ne faut pas attendre une journée de plus, répond Murid Abbas. J'espère qu'elle va supporter le trajet.

Les infirmières étalent une pommade sur ma peau. Je sens qu'elles sont dégoûtées. Mes brûlures se sont infectées. Elles exhalent une odeur pestilentielle. Mes vêtements sont tout poisseux à cause de la crème. Je sens qu'ils collent à mon corps. Et toujours cette douleur insupportable qui ne me quitte jamais.

Murrid Abbas m'installe dans une voiture, allongée à l'arrière, enroulée dans un châle. Rubina, Fawad et Salim sont aussi dans le véhicule. Murid Abbas explique à Fawad qu'il voulait m'emmener à Islamabad en avion, mais il faut que je voyage allongée sur trois sièges et la compagnie aérienne a refusé de faire un geste. Les billets sont beaucoup trop chers. Nous allons donc voyager en bus.

Nous arrivons à la gare routière. Murid Abbas me porte avec Fawad dans un bus. Ils m'allongent sur les sièges à l'arrière. Mais le chauffeur leur demande de redescendre.

— Elle sent trop mauvais, les autres passagers vont se plaindre. Je ne peux pas l'emmener.

Murid Abbas est désespéré :

— Mon frère, tu dois faire une bonne action, cette femme est entre la vie et la mort, je t'en supplie, nous devons l'emmener à Islamabad. Au nom de Dieu ! Je te paierai deux fois le prix des places si tu veux !

Le chauffeur finit par accepter. Je crois qu'il ne le fait même pas payer.

Murid Abbas achète des bombes désodorisantes et diffuse du parfum dans le bus durant le trajet pour que mon odeur n'incommode pas les passagers. J'entends des femmes qui l'interrogent. Il leur raconte mon histoire. Elles se mettent à pleurer. Le bus démarre. Salim et Fawad sont près de moi. Ils se disputent. Fawad déclare que si je meurs, c'est lui qui récupérera mon cadavre. Mon frère refuse, je serai enterrée dans mon village natal, pas chez ma belle-famille.

Je m'évanouis. Quand je me réveille, le bus roule toujours. J'ai horriblement mal. L'un des passagers est médecin. Il me fait une piqûre. Je sombre à nouveau.

Je saurai plus tard que le trajet a duré huit heures. Je me réveille à moitié quand nous arrivons à Islamabad. On me porte jusque dans une voiture. Nous roulons vers un hôpital. Quand nous arrivons, on me dépose à nouveau sur un brancard. J'entends les infirmières qui se précipitent. Tout va très vite autour de moi. Une nouvelle perfusion. Le médecin parle à voix basse avec Murid Abbas. Il pense que je ne vais pas m'en sortir. Mais il va tenter l'impossible.

On me fait une injection et je crois que je m'endors. Quand je reprends connaissance, le médecin explique à mon frère qu'il a retiré toute ma peau brûlée. Il lui montre l'épiderme calciné. Si cette peau morte n'avait pas été enlevée, je n'aurais pas vécu un jour de plus. L'opération a duré presque quatre heures.

— Maintenant, elle va rester trois jours en unité de soins intensifs pour que son état se stabilise. C'est une chambre aseptisée. Il ne faut pas qu'elle se déshydrate ou qu'elle attrape d'infection pendant ce laps de temps. Si elle est encore vivante dans trois jours, nous avons de bonnes chances qu'elle se rétablisse.

— Vous allez lui donner des médicaments ?

— Elle va recevoir des antidouleurs et des antibiotiques. Mais même avec cela, la douleur est terrible. Il faut qu'elle s'accroche.

Je suis dans un état second. La souffrance est atroce et je gémis en permanence. Je suis écorchée vive. Je suis un monstre de chair mais mon corps s'accroche à la vie.

Cela doit faire une semaine que je suis entre la vie et la mort. Je commence enfin à émerger. Je distingue la voix d'une femme inconnue. Elle se présente, elle s'appelle Valérie, elle travaille pour l'ONG ASF. Je reconnais à son accent qu'elle est étrangère. Elle me demande comment je me sens. Je murmure :

— Ça va…

J'essaie de ne pas gémir devant elle, je veux lui montrer que je suis courageuse.

— Est-ce que tu es prête à te battre, Naziran ?

J'acquiesce.

— Nous sommes là pour toi, nous allons t'aider. Tu vas y arriver, mais ce combat va durer longtemps. Tu le sais ?

— Oui…

— Il faut que tu sois prête.

La femme repart. Je palpe mon visage, je suis couverte de bandages.

Je n'arrive pas à respirer, on me met un masque à oxygène. Je m'évanouis.

Mon frère est là, à mes côtés. Je lui dis que je ne sens plus rien, que je ne vois plus rien. J'ai perdu toute sensation. Une infirmière me donne un jus de fruits. Je le repousse. Elle me force à boire. Je ne sens pas le goût. Juste après, je vomis.

On me met sous perfusion, j'ai l'impression de gonfler, d'être complètement boursouflée.

Le docteur dit alors à mon frère qu'il doit quitter la pièce car l'infirmière va changer mes bandages. J'ai l'impression qu'on me dépèce vivante. Chaque pansement qui est décollé de mes plaies provoque une douleur inhumaine. L'infirmière nettoie et remet de nouvelles compresses.

Quand mon frère revient, il est bouleversé, il me dit qu'il m'a entendue hurler. Je gémis sans cesse, jour et nuit. Lors de la visite du docteur, je le supplie de me donner du poison. Je supporterai de mourir empoisonnée mais qu'il ne me laisse pas agoniser ainsi, j'ai trop mal. Le docteur répond que je vais bientôt guérir. Ma famille campe dehors pour être près de moi, je dois être forte pour eux.

Quelques jours plus tard, je sens qu'une infirmière me met un masque à oxygène. Je dois passer de nouveau en salle d'opération. On roule mon lit et on m'allonge dans une pièce glacée. Je frissonne. Le médecin dit qu'il faut couper mes cheveux. Je refuse. Il dit qu'il le faut sinon je ne vais pas guérir. Alors j'accepte. Je sens mes mèches de cheveux crisser sous la lame des ciseaux.

Le chirurgien m'explique qu'il va me greffer, il va prendre de la peau sur mes cuisses et la mettre sur mon visage. On m'injecte un anesthésiant. Je perds conscience.

Les jours qui suivent la greffe, je commence enfin à me sentir mieux. Le docteur m'ordonne de manger quelque chose. Salim m'aide à boire un jus d'orange en brique avec une paille. Mon frère m'annonce alors qu'il a une bonne nouvelle : Javed a été arrêté, il est en prison à Multan. Il espère que la nouvelle va me réjouir. Mais je ne dis rien. Je ne pense même pas au sort de Javed. Tout m'est indifférent.

Un matin, l'infirmière enlève les pansements. Je lui demande si j'ai retrouvé les traits de mon visage. Elle garde le silence. Je palpe ma tête. J'ai un choc. Je n'ai plus de figure. Mes traits ont fondu. Je sens les sutures, les morceaux de peau recousus, les bosses et les nœuds. Mon nez a presque disparu, il n'y a plus que l'arête. L'un de mes orbites est ouvert, mon autre œil est collé sous ma paupière. Mon menton est soudé à mon cou. Mon apparence est terrifiante. Je le sais, mais je ne le vois pas ; je suis aveugle maintenant. La peau de mon buste est dure comme du carton, fripée, comme un vêtement froissé.

Je ressemble à un monstre. Je m'effondre intérieurement. Je supplie à nouveau le docteur de me faire une piqûre pour me tuer. Je n'irai jamais mieux. À cause de mon visage défiguré, à cause de mes yeux morts, je ne suis plus rien, je ne ressemble plus à une femme.

Tous les jours, le docteur vient examiner mes plaies et surveiller que j'ai mangé mon repas. Mais je ne veux plus vivre. Je supplie Salim de me donner du poison. Mon frère essaie de me réconforter, pourtant je sens bien au son de sa voix qu'il est profondément perturbé par mon apparence. Je sais qu'il dort dehors avec Gongui Ma, Fawad et Rubina sur une pelouse devant l'hôpital depuis des semaines, pour être auprès de moi. Fawad a trouvé du travail dans le coin sur un chantier. Salim murmure :

— Nous sommes tous là pour te soutenir, alors tu ne dois pas parler de mourir.

Un matin, Fawad et Rubina sont à mon chevet. Le téléphone de Fawad sonne, c'est son fils Bilal. Fawad croit que je suis endormie, mais j'entends toute la conversation. Bilal annonce à Fawad que Shirin a été emmenée en prison. Quand les policiers sont allés enquêter au village, les voisins leur ont tous dit que Shirin était sûrement la vraie coupable car elle me déteste. Fawad ordonne à son fils d'aller emprunter 5 000 roupies à l'un de ses oncles pour payer la caution afin que Shirin soit relâchée.

Dans un éclair de lucidité, je me demande si ce ne sont pas Fawad et Shirin qui ont comploté pour me jeter de l'acide. Je n'ai pas vu Javed. Les chiens n'ont pas aboyé cette nuit-là. Lorsqu'un intrus approche nos maisons, ils se déchaînent. Et si Fawad et Shirin avaient trouvé un plan diabolique pour se débarrasser de moi et de Javed ?

J'apprends que Shirin n'est restée qu'un jour en prison. Moi je passe en tout un mois et demi dans cet hôpital.

Un matin, le médecin entre dans ma chambre, s'approche de mon visage meurtri et me prévient que je vais sortir bientôt. Je vais être envoyée dans une clinique pour les femmes brûlées située dans les locaux de l'ONG Acid Survivors Foundation.

Je tremble de tous mes membres. J'ai peur d'aller dans un endroit inconnu. J'ai peur de la réaction des gens là-bas quand ils vont me voir. Je suis un monstre sans visage.

18

Je suis recroquevillée dans mon lit, un drap au-dessus de ma tête. Je n'ose pas sortir de ma chambre depuis mon arrivée. J'ai tellement peur des commentaires que pourraient faire les autres ! Mon aspect est abominable. Le premier jour, quand je suis arrivée ici, j'ai entendu des exclamations d'effroi sur mon passage, une fille s'est même mise à pleurer. Je veux rester dans le cocon de mon lit, dans mon monde de ténèbres.

Fawad est assis à mon chevet. Il a raconté sa version des faits au personnel de l'ONG et il joue au gentil mari attentionné avec moi. Je sais qu'il reste ici pour me surveiller. Il espère sans doute que je vais mourir bientôt. Sa présence me terrifie mais je n'ose rien dire. Personne n'imagine que mon bourreau est peut-être ici, dans ma propre chambre, à quelques centimètres de moi.

La seule chose qui étonne les infirmières, c'est que j'ai régulièrement des crises quand Fawad est à mes côtés, mon corps est secoué de convulsions. Cela m'arrive une dizaine de fois par jour. Je dois prendre des calmants pour que les crises cessent. Je fais donc semblant de dormir lorsque

Bilquise, une jeune infirmière très douce, vient toquer à la porte.

— Naziran, il faut que tu descendes. Il y a des policiers qui sont là en bas pour te voir.

Je lui réponds que j'arrive. Je sens des sueurs glacées sur mon corps. Que me veulent-ils ? Fawad m'aide à me lever. Je tâtonne pour trouver mes sandales sur le sol. Fawad m'attrape le bras et me dirige vers la porte. Il chuchote d'un ton menaçant :

— Si tu dis quoi que ce soit sans ma permission, je te tuerai. Et je tuerai tes enfants.

Une boule d'angoisse se noue dans mon ventre. J'ai peur pour mes filles restées seules au village. De toute façon, je veux mourir. Je descends l'escalier lentement, appuyée sur le bras de Fawad. J'ai toujours peur de trébucher. En bas se trouvent le hall d'entrée et les bureaux de l'association. Je m'assois à tâtons sur un canapé.

J'entends la voix dure et sèche des policiers. L'un d'eux m'interroge :

— Dis-nous la vérité maintenant. Qui t'a agressée ?

Je réponds d'une voix mal assurée :

— C'est Javed, le neveu de Shirin. C'est lui qui m'a attaquée…

Le policier grommelle :

— Tu l'as vu ?

— Oui.

C'est au tour de Fawad d'être interrogé. Je soupire. Je monte me recoucher avec l'aide de Bilquise et je ne bouge plus de mon lit.

Au bout de quelques jours, Fawad et Rubina repartent au village. Cela fait presque deux mois qu'ils sont partis et ils doivent s'occuper de leur famille. Je respire enfin. J'ai l'impression de revivre. Pourtant, je n'ose toujours pas sortir de mon lit. Je sais qu'il y a un petit salon devant ma chambre avec des canapés et la télévision. C'est une salle commune où les autres patientes s'assoient pendant la journée. Je les entends discuter. Un matin, une infirmière m'a conduite dans ce salon et elle m'a assise sur un canapé près de la télévision. J'avais couvert mon visage défiguré avec mon voile pour que personne ne le voie.

Soudain, une femme que je ne connaissais pas s'est exclamée :

— Pourquoi tu regardes la télévision ? Tu es aveugle !

J'ai perdu tous mes moyens. Cette phrase m'a transpercé le cœur. J'ai supplié l'infirmière en pleurant de me ramener dans ma chambre. Depuis, je n'ai plus le courage de me montrer et d'affronter le regard des autres. Alors je dors tout le temps.

Dès que je reçois un appel du village, j'ai des convulsions. J'étouffe, je suffoque. Je suis complètement perdue. Fawad me manipule. Il m'appelle régulièrement. Une fois, c'est pour me promettre qu'il va divorcer de Shirin et vivre avec moi dans une nouvelle maison. La fois d'après, il est froid et distant. Je nage en pleine confusion. Je suis dans un état d'angoisse terrible.

Seules les infirmières Bilquise et Nadia pénètrent dans ma chambre. Elles viennent m'apporter à manger.

— Aujourd'hui, il y a des lentilles et du *kima*, de la viande hachée, m'annonce Nadia qui dépose les plats sur le sol.

Mes mains tâtonnent entre les assiettes, Nadia me guide vers la nourriture. Elle m'encourage. J'avale à grand-peine. La moitié des aliments retombent, je ne peux pas fermer ma bouche qui est collée à mon cou. C'est pour cela que je refuse de manger avec les autres patientes. Mais ici, la nourriture est bien meilleure qu'à l'hôpital. J'ai presque retrouvé l'appétit.

Quelques heures plus tard, c'est Bilquise qui vient me chercher. Elle m'emmène faire les soins dans une autre pièce. Je couvre mon visage avec mon voile pour traverser le salon, je ne veux pas entendre les réflexions des autres filles assises là. Au bout d'une dizaine de pas, nous sommes dans la salle de soins. Bilquise m'allonge sur un lit. J'ai bien senti le premier jour qu'elle était perturbée en voyant mon état mais elle n'a rien dit. Elle retire les pansements avec délicatesse, elle essaie de ne pas me faire mal. Je lui en suis reconnaissante :

— Tu sais, Bilquise, à l'hôpital, les infirmières étaient désagréables. Elles me faisaient très mal quand elles me piquaient avec une seringue et quand elles enlevaient mes bandages.

— J'ai l'habitude des patientes brûlées, Naziran. Je vais y aller doucement.

Bilquise m'explique chacun des soins qu'elle effectue :

— D'abord je te lave le corps avec de l'eau et de la Bétadine.

Je sens le liquide froid couler sur ma peau. L'odeur horrible de brûlé et de putréfaction que je dégageais au début a disparu. J'ai le sentiment d'être propre.

— Ensuite, sur les plaies cicatrisées, on met de la paraffine, puis des pansements.

Je sens ses mains douces qui m'enduisent d'un onguent qui détend la peau. Elle termine par les bandages.

— Deux, trois fois par jour, il faut te masser la peau là où il n'y a plus de pansements. La crème va assouplir les cicatrices ; si tu ne le fais pas, elles vont se contracter. Ton bras va rester comme un tronc d'arbre sec.

Bilquise m'encourage à faire le soin moi-même et me confie un tube de crème. Puis elle me raccompagne dans ma chambre. Je me recouche et enfouis ma tête sous le drap. Je reste ainsi tout l'après-midi. À me dire qu'une dose de poison viendrait me libérer de ce corps détruit et méconnaissable dont j'ai honte. J'ai envie de disparaître de cette terre. Les convulsions m'épuisent, physiquement et moralement. Je me dis même que j'aurais préféré qu'on me laisse mourir.

Quelqu'un vient frapper à ma porte ce soir-là. C'est une femme, à la voix énergique.

— Je suis Mme Khadija, la psychologue, je viens discuter avec toi. Tu es d'accord ?

Je lui réponds que je n'ai pas vraiment envie de parler. Je suis trop triste.

— Très bien si tu ne veux pas parler, tu peux quand même chanter ?

Je suis surprise par sa proposition. Je sors la tête de mon drap et je m'assois sur mon lit.

— Je vais commencer. Je te chante une chanson et après tu vas m'en chanter une.

J'entends sa voix grave qui entonne une chanson traditionnelle que je connais bien. Je suis très émue.

— Allez, c'est ton tour. Chante quelque chose pour moi, sinon je ne vais pas être contente.

Je décide de lui chanter une chanson en saraiki, dans ma langue natale. Nous finissons par rire toutes les deux, je ne sais pas si je chante très juste mais cela me fait du bien. Khadija est ravie, elle veut maintenant que je lui récite une poésie. Je sens que c'est une femme chaleureuse, bienveillante. Elle fait des blagues pour me remonter le moral. Elle me dit qu'elle va revenir me voir tous les jours. En partant, elle me fait promettre une chose :

— Sois heureuse, Naziran. Grâce à Dieu, tu as survécu. Il faut que tu profites de ta vie maintenant.

Quand Khadija ne vient pas me voir, je reste recluse dans ma chambre. Bilquise me secoue :

— Arrête de dormir tout le temps, tu dois sortir de ta chambre, viens devant la télévision.

Je marmonne que je suis fatiguée, que je préfère rester dans mon lit. Je ne supporte pas que quelqu'un m'approche, cela me terrifie. Et j'ai toujours plusieurs convulsions par jour.

Quelques semaines plus tard, je suis à nouveau opérée. C'est mon épaule qui a été greffée cette fois-ci. Je retourne à l'ONG pour la convalescence. J'ai très mal et je gémis sans arrêt. J'implore Dieu de m'aider. À ce moment là, quelqu'un frappe doucement à ma porte. Je distingue des bruits de pas, la personne entre dans la chambre :

— Que se passe-t-il ? Je peux t'aider ?

C'est une jeune fille. Je ne la connais pas. Je me cache sous le drap.

— Ne t'inquiète pas ! Je m'appelle Naila, j'ai aussi été brûlée comme toi. Je dors dans la chambre à côté.

Elle essaie de me réconforter.

— Je vais prévenir l'infirmière que tu souffres beaucoup.

Bilquise arrive et m'emmène dans la salle de soins. Elle change mes pansements et me donne un antidouleur. Je me sens mieux. Quand je retourne dans ma chambre, Naila est restée à m'attendre. En fait, je suis contente qu'elle soit là. Je lui demande ce qui lui est arrivé.

— Je suis comme toi. On m'a jeté de l'acide. Mon visage est détruit. Je viens de la région de Multan.

La même région que moi. Le pays du coton, où l'acide s'achète par bidons entiers pour une poignée de roupies.

Le lendemain, Naila revient avec les deux autres patientes du centre. Elles tentent de me remonter le moral :

— Nous, on était comme toi avant, tout le temps tristes. Mais maintenant, on veut profiter de la vie. Un jour, tu reprendras confiance, ça va aller mieux.

Je sens qu'elles se disent que finalement elles ont eu plus de chance que moi, elles n'ont pas perdu la vue. Je n'ose toujours pas marcher seule. J'ai peur de me cogner, de tomber, de dévaler les escaliers par mégarde. Je leur réponds :

— Mais vous, vous n'êtes pas devenues aveugles. Qu'est-ce que je vais devenir ?

Grâce à leur soutien, je décide finalement d'essayer de m'en sortir. Pour ma mère et mes filles, il faut que je sois forte. Peu à peu, mes crises s'espacent, j'ai toujours des convulsions mais plus que deux ou trois fois par jour.

Un matin, encouragée par Khadija, je me lève et je me dirige vers la porte. J'ai décidé d'aller m'asseoir sur le canapé près de la télévision avec les autres patientes. Il me faut beaucoup de détermination, j'y ai pensé toute la matinée. D'abord, me déplacer seule sur ces quelques mètres en tâtonnant. Puis sentir la gêne des autres quand elles vont me voir.

Je reste hésitante dans l'encadrement de la porte. Naila m'interpelle :

— Pourquoi tu ne viens pas t'asseoir ici près de nous ?

J'avance à tâtons. Je ne veux pas montrer mon visage et j'ai rabattu mon voile sur ma figure. Gul, une autre fille, s'exclame :

— Pourquoi tu caches ton visage ? Nous sommes pareilles, nous aussi notre visage est détruit. Ne t'inquiète pas !

— Je préfère rester comme ça.

Je sens le mur sous ma main, puis le canapé. Je longe la pièce et je m'assois près d'elles. Bilquise me félicite :

— Bravo Naziran. Je suis contente que tu sois sortie de ta tanière !

Je suis fière d'avoir vaincu ma peur.

Au fil des jours, je me sens plus en confiance avec les autres patientes de la clinique. Je finis par oublier de rabattre mon voile quand je sors de ma chambre. Je crois que les autres sont choquées mais elles font semblant de ne pas avoir vu mon terrible visage. Gul vient souvent s'asseoir dans ma chambre et elle se confie à moi. Elle a 19 ans et elle est ici depuis deux ans. Elle vient d'un village à quelques heures d'Islamabad. Elle me propose de venir s'installer dans ma chambre, il y a plusieurs lits. J'accepte avec joie. Je me rends compte que j'ai envie d'avoir de la compagnie maintenant. Gul a son caractère, mais moi je suis facile à vivre. Nous nous entendons bien. Même si elle fait quelque chose qui me déplaît, je ne lui fais pas de reproches.

En revanche, je ne lui parle jamais de ce qui m'est arrivé. Un soir, Gul et Naila sont assises dans ma chambre et décident, elles, de me raconter leur histoire.

19

Gul :

« J'étais amoureuse de mon cousin Khaled depuis mon enfance. Toute ma famille l'aimait bien aussi, on nous voyait déjà mariés. Mais Ashraf, mon grand frère, n'était pas d'accord. Cela provoquait des disputes tout le temps. Mon père est mort et c'est Ashraf, l'homme de la maison. Il voulait décider de tout pour moi. Ma mère est servante chez une famille du village, nous sommes très pauvres. Mon frère Ashraf voulait que j'épouse son ami Farid, un militaire de 40 ans. Farid est venu plusieurs fois chez moi demander ma main à ma mère. Je suppliais maman de refuser.

« Un jour, mon grand frère m'a emmenée avec Farid chez un ami à eux, Sajad. Mon frère me menaçait : “Si tu n'épouses pas Farid, je tuerai Khaled.” J'aimais Khaled plus que tout, alors j'ai accepté. J'avais 14 ans et j'ai épousé Farid, dans la maison de son ami. Le soir même, Farid partait pendant un mois pour son travail. Je suis restée seule dans la famille de Sajad. J'ai raconté mon histoire à Roxana, la femme de Sajad, j'étais très triste, je me sentais abandonnée. Roxana m'a répondu que je devais oublier Khaled, puisque Farid était désormais mon mari.

« J'ai essayé de me persuader que Farid était un homme bien. L'idée de coucher avec lui m'angoissait terriblement, je ne me sentais pas prête mais Farid m'a dit : "Tu n'es plus vierge, tu as couché avec Khaled, c'est pour cela que tu es inquiète !" Je lui ai dit que non. Il ne voulait pas me croire. Il m'a dit qu'il n'y avait qu'un moyen de le prouver, c'était de coucher avec lui, comme cela, il verrait bien si j'étais encore vierge. De guerre lasse, j'ai fini par accepter.

« Puis Farid est reparti pendant trois mois à l'armée. Quand il est revenu, il m'a montré une maison vide que le propriétaire avait soi-disant accepté de lui louer. Farid m'a dit d'être patiente et d'attendre son retour. Il est reparti pour un mois. Je suis retournée un matin voir la maison, avec la petite sœur de Sajad. J'ai vu qu'il y avait une famille à l'intérieur. Farid avait donc menti.

« Un jour, ma mère m'a appelé. Elle m'a annoncé que Farid était déjà marié avec sa cousine. J'ai téléphoné à Farid, je lui ai dit que j'étais au courant pour son mariage. Il m'a dit : "Tu dois me faire confiance, je vais te prouver que c'est faux." Quand il est revenu, il m'a montré un document comme quoi il était divorcé. Mon frère m'a aussi assuré au téléphone que Farid avait vraiment quitté sa femme.

« Comme je ne voulais pas rester chez Sajad, Farid m'a emmenée vivre chez sa belle-sœur, à Lahore. Elle s'appelle Munizé. Quand elle a su que j'étais la femme de Farid, elle m'a prise dans ses bras, elle m'a souri, elle m'a dit : "Alors c'est toi, la fille du professeur ?" J'étais surprise, j'ai répondu que non, j'étais la fille d'une servante. Elle a fait une drôle de tête et a immédiatement changé d'attitude.

« La vie chez elle est vite devenue insupportable. Munizé ne voulait pas que je joue avec ses filles, elle disait que j'avais une mauvaise influence sur elles. Elle m'obligeait à faire toutes les corvées : le ménage, la lessive et les repas.

« Chaque jour, elle était de plus en plus désagréable avec moi. Une fois, le mari de Munizé a pris ma défense, il a fait remarquer que je travaillais du matin au soir. Munizé a répliqué, sarcastique : "C'est normal, c'est une fille de servante." J'ai appelé mon frère, désespérée. Il m'a répondu : "Tu dois accepter ton sort et ne pas t'en plaindre."

« En rentrant à la maison, Farid m'a rapporté une rose et l'a mise dans mes cheveux. Munizé a décrété qu'elle était allergique aux fleurs, elle a jeté la rose. Puis elle a envoyé ses enfants dans notre chambre, exprès pour nous embêter. Le lendemain, j'ai supplié Farid de partir. Il a accepté et je suis retournée chez ma mère pendant qu'il est reparti à l'armée. Chez moi, j'ai commencé à me sentir malade, je vomissais sans arrêt.

« Farid est venu me chercher au bout de quelques semaines. Il était inquiet parce que je n'allais pas mieux. Nous sommes allés chez le docteur. Il m'a annoncé que j'étais enceinte. Il était surpris que je sois si jeune et mariée à un homme bien plus vieux. J'avais 15 ans.

« Farid était très heureux que j'attende un enfant. Il a voulu me faire plaisir et m'a offert plein de cadeaux. Nous sommes retournés à Lahore chez Munizé. Quand elle a appris que j'étais enceinte, elle était furieuse. Elle a dit à Farid devant moi que si j'avais un fils, il devrait lui donner une partie de ses biens, alors que je n'étais qu'une fille de servante. Je suis partie pleurer dans la chambre.

« Farid est venu me chercher pour le repas. Je lui ai répondu que j'en avais assez d'être chez son horrible belle-sœur. Il n'a rien dit, il est sorti. C'est alors que mon frère m'a appelé. Il s'était renseigné sur Farid : il a découvert qu'il était encore marié et qu'il avait de nombreuses maîtresses. J'étais effondrée.

« Le soir même, vers minuit, Farid a répondu au téléphone. Je faisais semblant de dormir mais je l'ai entendu, il a dit : “Pourquoi tu m'appelles ici, Assia ?” Mon cœur a fait un bond. Mais je voulais en avoir le cœur net. Quand Farid s'est endormi, j'ai rappelé cette femme dans la salle de bains avec son portable. Je lui ai expliqué que j'étais l'épouse de Farid, qu'il allait avoir un enfant et qu'elle ne devait plus le contacter.

« Elle a rappelé Farid le lendemain matin : “Bravo, il paraît que tu vas être père ! Je m'en fiche que tu aies une autre femme, mais je ne veux rien savoir d'elle !” Farid a répliqué : “Comment tu sais que cet enfant est le mien ? Moi je n'en suis pas sûr !” J'ai attrapé le téléphone et je l'ai jeté sur le lit. J'étais furieuse, je l'ai traité de tous les noms. Comment osait-il prétendre que cet enfant n'était pas de lui ?

« Nous nous disputions de plus en plus. Munizé se délectait. J'ai supplié Farid de m'installer dans ma propre maison, je ne voulais pas rester chez sa belle-sœur. Une nuit, j'ai ouvert les yeux et Farid n'était pas à côté de moi dans le lit. Le lendemain, je lui ai demandé où il était passé. Il n'a pas répondu. J'ai commencé à avoir des soupçons.

« La nuit suivante, Farid a attendu que je m'endorme et il a mis un oreiller contre moi pour que je ne sente pas qu'il sortait du lit. Mais je ne dormais pas. Je l'ai suivi sans faire de bruit et je me suis rendu compte qu'il allait dormir avec sa belle-sœur Munizé. Le mari de Munizé travaille la nuit, il était absent. Farid est revenu se coucher une heure après. Il a mis sa main sur mon épaule. Je lui ai dit : "Retire ta sale main de moi, tu reviens des toilettes." Il a dit : "Non, je me suis lavé les mains." Je n'ai pas fermé l'œil, j'étais traumatisée.

« Peu après, j'ai entendu Munizé prendre une douche. J'ai compris qu'elle avait couché avec lui. J'ai demandé à Farid : "Qui aimes-tu le plus au monde ?" Il a répondu : "Munizé et ma mère. Mais toi, Gul, tu es toute ma vie." Le lendemain, j'ai proposé de faire le petit déjeuner. Mais Munizé a décrété que ses enfants ne voulaient pas manger ce que je préparais. Je savais maintenant à quoi m'en tenir avec Munizé et Farid. J'ai proposé ostensiblement du thé au mari de Munizé. Farid a protesté : "Et moi ?" Je lui ai dit que je me fichais bien qu'il veuille du thé. Farid était surpris, il ne comprenait pas pourquoi j'avais changé d'attitude avec lui. Puis je me suis dit que je devais faire un effort pour le reconquérir. C'était mon mari et je portais son enfant.

« Comme Farid est très sale et qu'il sent toujours mauvais, j'ai acheté des habits neufs et du parfum pour lui au bazar. Puis j'ai emmené les enfants de Munizé manger des glaces. En rentrant, j'ai préparé le déjeuner. J'ai commencé à pétrir le pain, mais Munizé a dit que j'avais les ongles trop longs et que je devais les couper. J'ai refusé. Mais Farid m'a attrapée, il m'a tenu les bras de force et il m'a coupé les ongles. J'ai fondu en larmes. J'ai crié que j'avais bien compris le manège de Munizé, elle faisait tout pour que je divorce ! Farid n'a rien dit.

« La nuit suivante, il est à nouveau sorti discrètement du lit. Je savais très bien où il allait. Quand il est rentré, je l'attendais. Je lui ai demandé s'il n'avait pas honte. Il m'a giflée, il m'a dit : "Honte sur toi ! Pourquoi tu me blâmes ?" J'ai répliqué, hors de moi : "Pourquoi tu fais cela ? Tu as déjà deux femmes, et en plus tu couches avec ta belle-sœur ?" Je pleurais. Munizé a tout entendu, elle est entrée dans la chambre et elle a ricané : "Tu n'as pas entendu parler de toutes ses autres maîtresses ! Tu ne savais pas que c'était un coureur de jupons ?" J'ai hurlé à Munizé : "Tu n'as pas honte ? Tu es comme une sœur pour lui !" Munizé riait : "Non je ne suis pas sa sœur, je suis sa maîtresse et je suis très contente de coucher avec lui !"

« Le lendemain, j'ai dit à Farid que je voulais rentrer dans ma famille. Mais il a répondu que non ; si je partais, je raconterais tous ses secrets. Munizé faisait le ménage. Elle m'a demandé de porter les tapis à l'étage au-dessus. J'ai refusé. Farid m'a pris le bras et m'a jetée violemment par terre. Mon ventre a heurté le sol brutalement. J'ai commencé à perdre beaucoup de sang. Je me sentais très faible, je sanglotais. Munizé a crié : "Elle fait une fausse couche, tant mieux !" Farid était atterré, il m'a emmenée à l'hôpital, mais il n'y avait rien à faire. J'ai perdu mon bébé. Farid m'a ramenée à la maison le lendemain.

« Quand nous sommes rentrés, Wassim, le mari de Munizé, a voulu me prendre dans ses bras pour me réconforter. Mais Munizé lui a dit que c'était ma faute, parce que j'avais porté des tapis très lourds. J'étais hors de moi d'entendre ces mensonges abominables. J'ai hurlé au mari de Munizé que sa femme couchait avec Farid tous les soirs. Wassim n'a pas voulu me croire et m'a frappée avec un bâton, en criant que je diffamais sa famille.

« Tôt le lendemain matin, j'ai essayé de m'enfuir. Farid m'a rattrapée et m'a giflée de toutes ses forces. J'étais très choquée, j'ai cru que j'allais mourir. J'ai appelé mon frère pour qu'il vienne me chercher. Il a répliqué que je devais me calmer. De toute façon, il n'avait pas le temps d'aller à Lahore. Farid a jeté toutes mes affaires dehors et puis il est allé embrasser sa belle-sœur. Je l'ai supplié de me ramener dans ma famille.

« En rentrant de son travail, Wassim a lancé à Farid : “Tu n'as qu'à jeter ta femme sous un camion, comme cela tout le monde croira que c'est un accident.” Farid m'a ordonné de préparer un sac parce qu'il allait me ramener chez ma mère. Et quand nous avons traversé une rue, il m'a poussée sous les roues d'un camion. Je suis tombée par terre mais le véhicule s'est arrêté à temps. J'ai hurlé à Farid : “Je ne vais pas mourir comme cela !”

« Des passants ont vu la scène et ont prévenu la police. Les policiers m'ont demandé qui m'avait poussée. J'ai répondu que j'avais trébuché. Je ne voulais pas me retrouver toute seule dans le bus. Je voulais que Farid me ramène jusqu'à chez moi. Je me sentais tellement mal que j'avais envie de mourir. Tout le monde était contre moi. Farid m'a menacée : si je ne lui pardonnais pas, il ne me renverrait pas chez ma mère. Il m'a alors proposé de passer la nuit dans un hôtel. Nous avons pris une chambre à l'hôtel Hafiz. J'ai refusé de manger. Avant de dormir, Farid m'a donné des médicaments, soi-disant pour la douleur. J'ai bien vu que ce n'était pas de l'aspirine. Je les ai pris quand même et je me suis endormie d'un sommeil de plomb.

« Le lendemain, Farid m'a raccompagnée chez ma mère en bus, puis il est retourné à Lahore. Ma mère se doutait qu'il y avait un problème. Je lui ai tout raconté. J'avais très mal au ventre ; alors j'ai repris les médicaments que Farid m'avait donnés. Je me suis évanouie. J'ai appris plus tard que c'était des somnifères très puissants. Mes frères étaient furieux, ils ont appelé Farid et l'ont insulté au téléphone.

« La sœur de Farid est venue me rendre visite. Elle m'a confirmé que Farid entretenait une relation avec sa belle-sœur et qu'il avait plusieurs épouses.

« Pendant mon séjour dans ma famille, Farid me menaçait régulièrement au téléphone, il parlait de divorcer.

« Moi, j'étais soulagée de vivre chez ma mère, je me sentais mieux. J'ai repris des forces. Quelques jours plus tard, j'ai été invitée à un mariage dans le village. Je me suis préparée pour y aller, j'avais mis des boucles d'oreilles et lâché mes cheveux. Ma mère, qui était dans la cour, a vu deux hommes étranges devant chez nous. L'un d'eux portait un grand manteau. Ma mère m'a crié que c'était Farid. Je suis sortie, en lui disant : “C'est impossible, il est à Lahore." Les hommes avaient disparu.

« Tout à coup, j'ai senti un liquide couler sur mon visage. J'ai hurlé et je me suis évanouie. Ma mère m'a raconté plus tard qu'elle avait attrapé l'un des hommes, et que c'était bien Farid. Il l'a repoussée violemment et il s'est enfui. Tous mes frères et sœurs l'ont vu.

« Quand j'ai repris conscience, mon visage me brûlait terriblement. J'ai hurlé : "Aidez-moi, aidez-moi !" Je me suis évanouie à nouveau. Quand je me suis réveillée, j'ai entendu que ma mère et ma famille pleuraient. Je ne voyais plus rien. J'ai demandé à mon frère où j'étais. Il m'a répondu : "Tu es à l'hôpital."

« Je gémissais à cause de la douleur. Le médecin est venu me gronder : "Arrête de faire autant de bruit ! Les autres patients se plaignent !" Il n'y avait quasiment personne qui s'occupait de moi, à part quelques infirmières qui me faisaient des piqûres de temps en temps. Le médecin ne voulait pas venir dans ma chambre car mon visage sentait très mauvais. À cause de cette odeur, je n'avais plus d'appétit. J'ai supplié ma famille de m'aider à en finir.

« Au bout de quelques semaines, ma peau a fini par cicatriser et j'ai retrouvé la vue. Un jour, je me suis levée pour aller dans la salle de bains. Le choc a été terrible quand j'ai vu mon visage. J'étais méconnaissable. Les gens qui venaient me visiter avaient tous un mouvement de recul.

« Au bout d'un mois, les soignants m'ont annoncé que j'avais perdu mon visage pour toujours, qu'il n'y avait rien à faire. J'ai dit à ma mère que je voulais mourir, que la mort serait mieux pour moi que de vivre dans cet état.

« Ma famille a alors décidé de m'emmener dans un hôpital d'Islamabad. Là-bas, le médecin m'a fait opérer immédiatement pour retirer toute la peau brûlée. Après l'opération, l'hôpital m'a envoyée chez ASF. Quand mes frères m'ont amenée là-bas, il y avait une femme étrangère qui m'attendait. J'ai eu peur qu'elle ne me rejette en voyant mon visage. Mais elle a été très douce et m'a réconfortée. Ensuite, j'ai porté plainte contre Farid. Je voudrais qu'il soit puni pour avoir détruit ma vie. »

Naila[1] :

« J'étais au collège, quand un homme est tombé fou amoureux de moi. C'était un ami de mon professeur, il était tailleur, il avait 25 ans. Il a demandé ma main à mon père. Mais mon père a refusé qu'il m'épouse car il n'était pas de la même ethnie que nous et il avait le double de mon âge.

« Un jour, je rentrais de l'école et, sur le chemin, mon professeur et son ami tailleur m'ont bloqué le passage. Ils voulaient m'intimider pour que j'accepte le mariage. J'en ai parlé à mon père quand je suis arrivée à la maison. Mon père est allé les voir. Il leur a demandé pourquoi ils harcelaient sa fille. Ils ont répondu que je mentais, ils n'avaient rien fait. Le lendemain, jour férié, je suis partie rejoindre un groupe d'amies. J'étais accompagnée de mon petit frère. Nous étions en train de contourner une mosquée quand mon professeur a

1. L'autre patiente. Elle est hébergée à la clinique depuis deux ans. Quand elle a été attaquée, elle avait 13 ans.

surgi d'une pièce attenante à la mosquée avec son ami tailleur. Ils ont dit à mon petit frère de partir, mais celui-ci a répondu que j'étais sa grande sœur et qu'il restait avec moi. Mon professeur avait une bouteille à la main. Le tailleur m'a ordonné de les rejoindre dans la pièce. J'ai refusé. Les deux hommes ont jeté des coups d'œil dans la rue, il n'y avait personne autour de nous. Il faisait très chaud et tous les gens étaient rentrés chez eux. Il était trois heures de l'après-midi. Mon professeur a dit tout haut à son ami que si je refusais d'aller avec eux, il fallait me jeter de l'acide. Je n'avais jamais entendu parler de cela avant. Je n'ai pas compris.

« Mon professeur faisait le guet et le tailleur a jeté le contenu de la bouteille sur mon visage. J'ai hurlé, je me suis effondrée par terre. Tout est devenu bleu. Mon visage était en train de fondre, mais je ne sentais plus rien. Mon frère essayait de me relever. Il appelait au secours. Un voisin est arrivé avec un bâton à la main, il croyait qu'un serpent m'avait mordue. Quand il a compris ce qu'il s'était passé, il a eu peur. Il n'osait pas me secourir, il pensait que les gens allaient l'accuser d'être l'agresseur. Il m'a finalement prise dans ses bras, mais ses vêtements se sont mis à brûler aussi. Il m'a ramenée chez mes parents.

« En nous voyant arriver, ma mère a pensé que je m'étais évanouie car je n'avais pas pris de petit déjeuner. Mon frère lui a raconté ce qu'il s'était passé. À la maison, il n'y avait pas d'eau. Des voisins ont couru en chercher à la rivière pour me laver le visage. Puis on m'a emmenée à l'hôpital. Je ne voyais plus rien, un de mes yeux était sorti de son orbite.

« Mon père est allé porter plainte. Les policiers m'ont posé beaucoup de questions, je leur ai tout raconté.

« Ma famille m'a emmenée ensuite à Lahore. J'ai été opérée par un chirurgien dans un grand hôpital de la ville. Cela a coûté très cher à mes parents. Ensuite, j'ai été envoyée à Islamabad. Grâce à un politicien de mon district, j'ai été soignée dans un autre hôpital, où je suis restée six mois. J'ai été greffée. C'était très douloureux. Mais j'avais le moral, je disais à ma famille que j'allais m'en sortir. Au bout de quelques semaines, ma peau a cicatrisé.

« Après la plainte de mon père, le tailleur et mon professeur ont été envoyés en prison. Mais l'oncle du professeur est un homme puissant. Il a proposé 25 000 roupies (250 euros) à mes parents pour qu'ils retirent leur plainte. Mes parents ont répondu qu'ils ne savaient même pas si j'allais survivre et ils ont refusé l'argent. Le professeur n'est finalement resté en prison que trois jours, son oncle a soudoyé les policiers et il a été libéré.

En janvier 2005, le professeur est passé en jugement. Mais le tribunal n'a demandé que des dommages et intérêt car sa famille avait payé le juge. Le tailleur a été condamné à douze ans de prison. Il a fait appel, et sa peine a été réduite de moitié.

« Aujourd'hui, je veux reprendre les études, je veux devenir docteur. Je me suis inscrite à l'université. »

20

Ce matin, j'entends Naila frapper à ma porte. Elle m'annonce qu'elle m'a rapporté des sucreries du bazar. Du bazar ? Je suis stupéfaite. Comment a-t-elle eu le courage de se montrer en public avec son visage détruit ?

— Cela s'est bien passé ? Tu as eu peur ? Tu ne t'es pas sentie mal ?

— Non, pas du tout ! Je n'ai plus peur de sortir. J'ai mis un voile sur ma figure et des lunettes de soleil. Personne ne m'a fait de réflexions.

Elle est courageuse, je trouve. Moi, je n'oserais jamais sortir dans la rue ! Pourtant j'ai promis à mon frère que j'allais bientôt lui rendre visite au village. Il m'a tellement suppliée que j'ai fini par accepter. Je ne sais vraiment pas comment je vais oser me montrer à tout le monde dans l'état dans lequel je suis. Je déprime d'autant plus que je sais maintenant avec certitude que je ne retrouverai jamais la vue. Les derniers examens médicaux ont balayé tous mes espoirs. Je pensais que les docteurs ici pouvaient faire des miracles, mais mes yeux sont, paraît-il, fichus pour toujours.

Le docteur Khadija fait de son mieux pour que j'accepte la situation, mais je ne peux pas me résoudre à vivre dans les ténèbres.

Un matin, une femme inconnue vient me rendre visite. Je ne le sais pas encore, mais cette femme sera mon ange gardien, c'est elle qui va me redonner goût à la vie. Elle s'appelle Saima Anwar. Elle m'explique qu'elle a créé un centre de réhabilitation pour les aveugles. Elle m'a apporté des cadeaux, un flacon de parfum et un thermos.

— Raconte-moi, Naziran, qu'est-ce qu'il t'est arrivé ?

Je me sens en confiance avec elle. Je lui relate toute l'histoire. Je lui explique que ma vie est détruite maintenant, et que je préférerais mourir. Saima m'écoute attentivement.

— Tu sais, Naziran, tu ne dois pas avoir des idées noires. Moi aussi, je suis aveugle ! Je suis née comme ça. Mais je suis très épanouie ! Je marche seule dans la rue avec un bâton blanc.

Je suis stupéfaite d'entendre cela, elle est donc aveugle depuis toujours ! Comment peut-elle être aussi énergique et courageuse ? Saima poursuit :

— Tu ne dois pas être triste, je vais t'apprendre à te débrouiller toute seule. C'est l'enfer sinon de dépendre des autres. Être aveugle, ça ne veut pas dire qu'on meurt, c'est juste vivre différemment. Il faut développer l'ouïe, le toucher… Les autres sens qui te permettent d'appréhender ce qui t'entoure.

J'entends un tintement. Saima a disposé de l'argent sur un plateau, elle me montre comment reconnaître différentes pièces de monnaie. Je me concentre. Je me rends compte que ce n'est pas si difficile. Saima est satisfaite de voir mon enthousiasme. Elle me lance :

— Je sais cuisiner toute seule aussi. Si je peux le faire, toi aussi tu en es capable. Je vais t'expliquer.

Saima m'emmène à la cuisine de la clinique. Elle demande au cuisinier de poser des légumes sur la table. Elle me les fait sentir pour que je les reconnaisse à leur odeur : les piments, les carottes, l'ail. Saima guide mes mains, elle m'apprend à couper des oignons, des tomates... Je suis très maladroite, j'ai peur de m'entailler les doigts mais elle m'encourage.

— Je m'occupe de beaucoup d'aveugles qui sont dans une situation très difficile. Certains sont aussi amputés, mutilés. Toi, tu as de la chance d'avoir des bras et des jambes.

Avant de partir, Saima me propose d'aller prendre des cours dans son centre de réhabilitation. J'accepte avec enthousiasme. Mais je dois d'abord retourner dans mon village pour visiter ma famille. Je lui promets que je la contacterai dès mon retour. Avant de partir, Saima me donne des cassettes.

— Écoute ces témoignages, cela t'empêchera d'avoir des idées noires. À bientôt, Naziran !

La psychologue m'apporte un lecteur de cassette le soir même. Elle m'apprend à l'utiliser. J'écoute les bandes qui défilent. Sur ces cassettes, des aveugles témoignent de leur vie. J'entends Saima Anwar raconter son enfance, sa vie à l'école, son mariage. Je décide qu'à partir de maintenant je dois être forte, pour mes enfants. Moi j'ai eu la chance un jour de voir le visage de mes filles. Le récit de Saima me remonte le moral. Mais celle qui me bouleverse le plus, c'est l'histoire d'un homme qui a perdu la vue à cause d'un attentat. Il s'est aussi retrouvé amputé d'une jambe. Malgré tout, il veut encore profiter de la vie le plus possible.

Pour moi, ces témoignages sont une révélation. On peut donc être aveugle et heureux ? Cela me donne le courage d'affronter ce qui m'attend : le retour au village.

Au bout de huit mois d'absence, je vais rendre visite à ma famille. J'appréhende terriblement, que vont dire les gens quand ils me verront ? Je dois porter une tunique sans manches à cause de mes plaies mais j'ai rabattu mon voile sur mon visage. Ma mère est venue me chercher ce matin, je pars prendre le bus avec elle. Je ne lui lâche pas la main. Durant tout le voyage, je sens l'angoisse qui monte.

Mon frère nous attend à la station de bus. Quand nous arrivons chez lui, mes voisins et mes proches viennent me rendre visite. Ils compatissent et m'offrent de l'argent. Je les remercie. Je cache mon visage en permanence, je garde une main cramponnée à mon voile de peur qu'il ne glisse. Mais le moment du repas approche et je vais être obligée de l'enlever. J'entends des murmures affligés. Je m'assois et j'attrape la nourriture dans ma main. Mais dès que je tente d'avaler quelque chose, la nourriture tombe par terre car mon menton est encore collé à mon cou. Au bout d'un moment je repousse l'assiette, désespérée. J'entends mon frère et mes sœurs qui pleurent. Salim me traduit ce que dit ma mère :

— Gongui Ma mère veut acheter de l'acide et le jeter sur Fawad ! Elle dit que c'est lui qui t'a fait ça !

Je frissonne. Je sais que Fawad et ma belle-famille doivent venir me voir le lendemain. Fawad prétend qu'il veut prendre des nouvelles de ma santé. J'ai accepté qu'il vienne ici car il doit amener Hina. J'ai hâte de serrer ma petite fille contre moi.

Le lendemain matin, je suis très excitée, j'ai tellement attendu ce moment... Mais quand Hina arrive, j'entends sa petite voix qui hurle, terrorisée :

— Ce n'est pas maman ! Elle ressemble à une sorcière !

Hina refuse de m'approcher, elle va se cacher derrière les jambes de Gongui Ma.

Je suis anéantie. Je ne parviens pas à retenir mes larmes. Salim décide d'emmener Hina dans sa chambre. Je l'entends qui chuchote à ma fille :

— C'est toujours ta maman. Son visage a changé parce que quelqu'un lui a jeté un produit très dangereux sur la figure. Mais regarde ses pieds et ses mains, c'est bien les mêmes ? Et sa voix ? Tu reconnais la voix de maman quand même ? Tu sais bien que c'est elle !

Quand Salim revient avec Hina, je montre mes mains à ma fille : « Ce sont les mains de maman, tu vois bien ? » Hina est intimidée, elle garde ses distances. Cela me brise le cœur mais je me dis qu'il lui faut du temps pour s'habituer à mon apparence.

Pendant ce temps-là, mon frère Arif lance à Fawad :

— C'est à cause de ta famille que Naziran est devenue aveugle. Vous lui avez fait beaucoup de mal, tu dois lui donner tes yeux !

Je dis à mon frère de se taire.

— Ne parlons plus de cela.

Fawad se tourne vers moi. Il m'annonce qu'il m'a apporté des cadeaux, des *bangles* et des vêtements neufs. Il me fait toucher les étoffes et m'enfile délicatement les bracelets. Tout l'après-midi, il se montre attentionné et gentil avec moi. Il me chuchote :

— Tu sais, Naziran, tu es la seule qui compte pour moi. Je te promets que je vais divorcer de Shirin. Je vais t'acheter une maison et nous allons vivre heureux tous les deux.

Je n'ose pas y croire. Dit-il la vérité ? Cette nuit-là, il va même coucher avec moi.

Le lendemain matin, Fawad demande à mon frère la permission de m'emmener chez ma belle-famille.

— Ils veulent tous la voir ! Elle leur manque beaucoup !

— C'est hors de question.

Mais il insiste.

— Naziran pourra voir Fizza là-bas ! Elle a peut-être envie de retrouver sa petite fille ?

Malgré l'angoisse de retourner au village, j'ai très envie d'embrasser ma Fizza.

Salim finit par accepter, à condition qu'il m'accompagne aussi. Fawad va chercher un taxi et nous partons dans son village. Pendant le trajet, je me sens très mal. Il fait une chaleur épouvantable, mes blessures me font souffrir. Je sens les mouches se poser sur mes plaies. Je n'arrive pas à les chasser. Ma petite Hina est assise sur les genoux de Salim, elle ne veut pas que je la touche.

En arrivant chez ma belle-famille, j'entends un brouhaha. Je me rends compte que la maison est pleine de monde. J'apprends que Fawad a fait passer une annonce dans les haut-parleurs de la mosquée :

— Naziran, la deuxième femme de Fawad, celle qui a reçu de l'acide, est ici au village. Tous ceux qui veulent la voir sont invités dans sa maison !

Les gens ont accouru. Je sens qu'ils viennent me voir par curiosité, par voyeurisme. Ils prétendent être là pour me réconforter et ils me donnent des billets. Mais ils font à chaque fois des commentaires.

— Oh, regarde son visage, il est complètement détruit ! Elle n'a plus d'yeux !

— Sa belle-famille est très cruelle ! Dans quel état ils l'ont mise !

— C'était une vraie beauté avant, tu as vu ce qu'elle est devenue ?

J'entends des voix d'enfants qui me glacent :

— Tu l'as vue ? On dirait une sorcière ! Elle fait peur !

Ma petite Fizza est là aussi. Rubina la met dans mes bras. Mais elle a aussi peur de moi et se met à pleurer. Rubina la reprend aussitôt, à mon grand désespoir. J'entends mes voisins qui insultent ma belle-famille. Ils me disent :

— Dieu va t'aider, il te vengera, Naziran !

Je sais que Fawad a raconté partout que Javed était le coupable. Mais personne ne semble le croire. J'entends que l'on murmure le nom de Shirin.

— C'est sûrement elle qui avait envoyé son neveu pour attaquer Naziran.

Ce jour-là, Shirin ne se montre pas.

Je me sens mal à l'aise au milieu de tout ce monde. Ma belle-famille m'exhibe comme une bête curieuse. Fawad enlève mon voile, il soulève même ma chemise pour montrer mon corps aux curieux, y compris aux hommes. Je suis tétanisée. Je le supplie d'arrêter. Fawad me rabroue :

— Tais-toi ! J'ai dit à tout le monde que tu ne pouvais plus parler. Laisse-toi faire, ils vont te donner de l'argent.

Je me recroqueville, je croise mes bras sur ma poitrine et j'enfouis ma tête dans mes genoux. Sakina, la femme de Salim, se rend compte de la situation et crie à ma belle-famille :

— Vous n'avez donc aucun respect pour ma belle-sœur ? Vous la montrez aux gens comme un monstre pour récupérer de l'argent ?

J'attrape sa main et je lui dis que je veux partir. Ma cousine Roxana est là aussi. Elle met un voile sur ma poitrine pour que je puisse me cacher. Mais Fawad parade, il veut continuer à me montrer et il m'enlève à nouveau le tissu. Roxana est furieuse, elle exige que tout le monde parte, et me recouvre de son propre voile.

J'entends Rubina et Kirane qui nous demandent de rester un peu, pour leur faire honneur, car tout le village est venu par sympathie pour moi, et d'autres cousins doivent encore arriver. Je fonds en larmes. Salim dit que nous devons rentrer immédiatement. Je dois laisser une fois de plus Fizza et Hina avec Rubina. Je suis accablée de chagrin.

Mon frère me traîne vers le bus. Une fois assise, je m'aperçois que Rubina a récupéré tout l'argent que les gens m'avaient donné. Salim ricane : « Tu as vu comme ta belle-famille se comporte bien ?

En plus, ils ne t'ont même pas proposé à boire ou à manger ! » Je suis bien décidée à ne plus jamais remettre les pieds là-bas.

Au village de Salim, des proches viennent me rendre visite. Mon frère, lui, n'a pas prévenu tout le quartier. Je lui en suis reconnaissante. Je ne veux à aucun prix revivre l'humiliation que j'ai subie chez ma belle-famille. Mes frères et sœurs tentent de me réconforter, la femme d'Arif me demande de chanter une chanson. En entendant ma voix, ils se mettent tous à pleurer. Mon frère Arif me félicite : « Même après qu'on t'a fait autant de mal, tu chantes quand même ! Je suis fier de ma sœur. Tu es courageuse. » Sakina me cuisine un *biriani*, mon plat préféré et mon frère apporte des bouteilles de Pepsi.

Le soir même, je repars pour Islamabad. Je monte dans le bus avec ma mère, je rabats mon voile sur mon visage.

Une fois de plus.

21

— Tu sais, nous avons perdu une patiente juste avant que tu viennes au centre. Elle avait fait comme toi, elle était repartie dans son village…

Bilquise, l'infirmière, me raconte cette histoire en replaçant mes bandages. Mes blessures sont très douloureuses à cause du voyage, je serre les dents tandis qu'elle nettoie mon épaule.

— Qu'est-ce qu'il lui est arrivé ?

— Eh bien, ses plaies n'étaient pas cicatrisées, nous voulions qu'elle reste ici. Elle a quand même voulu retourner dans sa famille. Et là-bas, elle a attrapé une infection. On l'a fait revenir ici en catastrophe. Toute l'équipe a donné son sang pour la sauver mais on n'a pas réussi…

J'en ai froid dans le dos. Bilquise me passe de la crème sur le visage. Elle veut que je fasse bien attention à moi.

— Tu dois te reposer. Tu sais, j'ai eu peur quand tu es partie. Il est hors de question que je perde une autre patiente !

Quelques jours plus tard, je dois retourner à l'hôpital pour de nouvelles opérations. Les médecins vont découper la peau de mon menton, qui était collé à mon cou. Je vais pouvoir à nouveau bouger la tête et manger normalement. Ils prennent de l'épiderme sur mes cuisses pour le greffer sur mon cou. Je prie Dieu pour que personne n'ait à subir ce genre de chose tellement la douleur est insupportable. Les docteurs me coupent aussi la peau entre le bras et l'avant-bras, pour que je puisse bouger mon bras.

La convalescence dure trois mois. Les greffes me font du bien. Mais comme je me sens faible, le médecin me transfuse six poches de sang.

Puis c'est au tour de la poitrine d'être greffée. La greffe précédente a été abîmée par l'acide qui est toujours dans ma chair. Il faut la recommencer. Le poison est caché dans mon corps ; je sens de temps en temps qu'il brûle ou gonfle par endroits. Ma peau est très sensible à la poussière, elle peut s'infecter facilement.

Pendant ma convalescence, mon frère Salim vient me rendre visite. Quelques jours plus tard, j'entends la voix de Murid Abbas qui est de passage à Islamabad. Mon frère m'aide à descendre l'escalier, je veux le saluer. Murid Abbas me félicite, il trouve que j'ai l'air d'être en forme, grâce à Dieu je me suis remise de mes blessures ! Je le remercie très respectueusement de ce qu'il a fait pour moi. Il me dit que c'est normal, c'est son travail.

— Je suis propriétaire terrien, mais ce qui m'intéresse, c'est d'aider les plus démunis dans notre société, nous explique-t-il. Je me suis spécialisé dans les violences contre les femmes et je découvre des cas presque tous les jours. Regardez...

Je l'entends qui farfouille dans une sacoche. Il montre un article de journal à mon frère.

— Là ce sont mes dernières affaires. Une fillette de 4 ans violée par son cousin, une autre de 5 ans violée et tuée par son oncle. Son corps a été retrouvé dévoré par les chiens…

Salim demande :

— Mais vous arrivez à faire punir les coupables ?

— Oui, souvent ! Je dénonce les agresseurs et ils sont envoyés en prison. Bien sûr, j'ai des ennemis, je dérange. Je reçois des menaces de mort par téléphone. Quand ce sont des familles riches, elles essaient de me soudoyer. Il y a beaucoup de cas de viols en ce moment, et en général ce sont les conseils de village qui règlent la question, ils décident que la fille doit être mariée avec son agresseur. Cela arrive aussi que des femmes soient kidnappées, et leurs agresseurs les obligent à faire des photos compromettantes… ensuite ils leur font du chantage.

C'est la première fois que j'entends parler de ce genre d'histoire. Murid Abbas n'a pourtant pas fini son inventaire :

— Et puis, il y a des faux *Pirs* ! Je me souviens du cas d'une fille qui avait disparu de sa maison. Elle était allée consulter un *Pir* très connu. Or ce *Pir* tuait les gens qui venaient le voir. Il leur volait leurs affaires et les enterrait. Et il y a aussi des hommes qui misent leur femme ou leur fille aux cartes ! S'ils perdent, ils sont obligés de les céder. Je connais même un homme qui a échangé sa fille contre une moto.

— Et comment avez-vous entendu parler de Naziran ?

— C'est un médecin de l'hôpital de Multan qui m'a prévenu qu'une patiente brûlée à l'acide était arrivée. Il m'a demandé de venir la voir tout de suite car elle risquait de mourir…

Je frissonne à l'évocation de cet épisode. Murid Abbas poursuit. Il est très remonté contre le système féodal dans notre région. Il se montre intarissable sur le sujet.

— Le problème numéro 1, selon moi, c'est l'éducation. Les riches seigneurs de notre région veulent maintenir les paysans dans l'ignorance pour mieux les contrôler. J'ai découvert qu'une école près de votre village était en fait utilisée comme écurie par un grand propriétaire. Quant au dispensaire, il en a fait une résidence pour recevoir des invités ! Vous savez bien comment cela se passe ! Les policiers, les conseils de village, tout le monde est à la solde de ces féodaux. Il n'y a aucune justice !

Salim se lève. Il doit repartir au village pour terminer un chantier. Il remercie à nouveau Murid Abbas pour son aide.

— Grâce à vous, ma sœur est en vie. Que Dieu vous bénisse !

Salim s'en va prendre le bus. Une fois que mon frère est parti, Murid Abbas me confie à voix basse :

— Naziran, je voudrais te dire quelque chose. J'ai fait ma propre enquête dans ton village. Je ne pense pas que Javed soit le coupable. J'ai appris que Fawad voulait se venger de lui car il avait une liaison avec sa belle-fille. Et, depuis que Javed est en prison, Fawad s'est approprié sa maison et ses terres. Tout le monde dans ton village le soupçonne.

Réfléchis bien à ce que tu vas faire maintenant. Allez, au revoir !

Je suis bouleversée. Ce que je craignais intuitivement se confirme. Et si Fawad avait élaboré un plan machiavélique ? Et si je n'avais été qu'un pion dans son jeu ? Il espérait peut-être que je ne survive pas à mes blessures. J'en fais des cauchemars terribles la nuit. Je me réveille en sueur, je palpe mon visage et l'atroce réalité est là. Je suis défigurée. Mon mari aurait-il tenté de me tuer avec l'arme la plus cruelle qui soit ?

Plusieurs semaines après les dernières opérations, je reçois un coup de fil de Saima Anwar. Elle veut que je vienne au centre de réhabilitation des aveugles.

Elle ne me fera rien payer. Je m'y rends en taxi, avec Bilquise. J'appréhende beaucoup la réaction des autres. En arrivant sur place, j'explique fébrilement à Saima que je ne veux pas que les gens voient mon visage. Elle me rassure.

— Ne t'en fais pas, Naziran, tout le monde est aveugle ici.

Saima me conduit dans une salle et me présente à ses élèves : des hommes, des femmes et des enfants. Tous sont aveugles ou malvoyants. Certains n'ont pas de pieds ou de bras, ils ont été blessés dans des accidents. Je me sens bien avec eux, nous sommes tous pareils et personne ne juge les autres.

Au début, nous apprenons à marcher seuls avec un bâton. Puis à nous asseoir sur une chaise sans tomber. À monter des escaliers en nous guidant avec la rampe. Parfois, nous trébuchons et nous faisons des erreurs. Saima nous encourage et nous finissons par rire de notre maladresse.

J'ai l'impression de retomber en enfance. Cela me rappelle quand Hina apprenait à marcher, petit bout de femme encore vacillant sur ses jambes. Ensuite, Saima nous enseigne à reconnaître les objets qui nous entourent, les chaises, le lit, la table... Je ne vois pas le temps passer. Le soir, je rentre enchantée à la clinique. J'ai repris confiance en moi. Je n'ai qu'une seule hâte, c'est de retourner là-bas.

La semaine d'après, Saima m'annonce que je vais apprendre le « braille ». Je suis très intriguée, je ne sais pas ce que c'est. Je découvre avec stupéfaction que c'est un alphabet créé pour les aveugles. Je tente de reconnaître sous mes doigts les lettres poinçonnées dans un carton. J'effleure le A, le B, le C... C'est la première fois de ma vie qu'on m'enseigne l'alphabet. Mais j'apprends vite, j'ai une très bonne mémoire. Mon professeur trouve que je progresse beaucoup. Elle me donne d'autres lettres à mémoriser. Bientôt, j'arrive à écrire des mots entiers avec un poinçon. Je m'entraîne à la clinique avec Bilquise.

Lors du cours suivant, une femme nous enseigne la couture. Elle nous fait toucher les aiguilles, le fil, le tissu. C'est très délicat. Quand je rentre à la clinique, je suis démoralisée car je n'arrive pas à refaire les gestes seule. C'est trop dur pour moi. Bilquise me console, elle me dit que je peux très bien y arriver. Elle guide mes mains. Je passe des heures à travailler ma couture. Et j'arrive finalement à quelque chose. Je sais même tricoter maintenant, j'ai fait un bonnet pour Hina.

Un matin, j'annonce à l'infirmière que c'est moi qui vais faire le thé. Bilquise est enthousiaste. Elle me prépare une casserole d'eau chaude. Je mets les feuilles dans la casserole, du lait, du sucre, de la cardamome... Je veux faire un thé pour le docteur Sultan, de la clinique. Il s'occupe beaucoup de moi et m'apporte toujours un petit cadeau quand il vient ici.

La psychologue me lance ensuite un défi. Elle veut que je sorte de la clinique, et que j'aille me promener au parc avec elle. Je n'ose pas m'aventurer dehors. J'ai peur que les gens me dévisagent et fassent des commentaires. Le docteur Khadija s'exclame :

— Eh bien tu n'as qu'à te couvrir la figure comme Naila ! Tes ennemis doivent être ravis que tu sois si misérable !

Son argument fait mouche. Piquée au vif, je couvre mon visage avec mon voile, je mets des lunettes de soleil et je sors dans la rue avec elle. Pas très confiante tout de même. Je marche tout doucement en lui tenant le bras. Personne ne fait de réflexions : une femme entièrement voilée, quoi de plus banal dans notre pays ? J'essaie de ne pas heurter les trottoirs. Je fais un tour du pâté de maison, et je rentre à la clinique, rayonnante, fière de mon exploit. Khadija avait raison, je vais montrer à mes ennemis qu'ils ne m'ont pas encore achevée.

Le lendemain, le docteur Khadija me propose une nouvelle épreuve. Elle me demande de lui cuisiner un *biriani*. Elle m'a apporté tous les ingrédients. Je coupe l'oignon en lamelles, le piment. Bilquise m'allume la gazinière. Je fais chauffer l'huile dans la casserole et je fris les légumes.

J'ajoute le poulet. Je vérifie la cuisson du riz, je remets de l'eau. Je goûte pour voir si c'est assez salé... Bilquise trouve que je me débrouille très bien. Le *biriani* est enfin prêt. Tout le personnel du centre goûte mon plat et me complimente.

Moi je trouve qu'il n'est pas vraiment parfait. Mais depuis, je cuisine des légumes, je prépare le thé. Toute seule. J'arrive même à allumer le gaz sans l'aide de personne. J'avoue que je ne suis pas rassurée, le gaz et les casseroles d'eau bouillante me font peur. Tout ce qui peut brûler m'angoisse. Je dois prendre sur moi pour m'approcher d'un radiateur ou d'un fer à repasser. J'essaie aussi de ne pas trop me fatiguer. Je fais chaque geste tranquillement, sans hâte. Dans ma chambre, personne ne doit changer mes affaires de place. C'est le seul moyen pour que je me débrouille seule. J'ai besoin de repères.

Un matin, Bilquise m'apprend qu'un nouveau patient est arrivé à la clinique. Je suis étonnée :

— Un homme ?

— Oui, il s'appelle Zafar. C'est un *hijra*.

Un *hijra* ? J'en ai déjà vu dans ma région, ils viennent danser lors des mariages ou pour fêter la naissance d'un enfant. Les *hijras* s'habillent avec des vêtements féminins, ils portent des bijoux et se maquillent. Ce sont des femmes nées dans un corps d'homme. Si les gens ne leur font pas la charité, ils menacent de leur envoyer le mauvais œil...

Je suis très intriguée par ce Zafar, j'interroge Bilquise :

— Et qu'est-ce qu'il lui est arrivé ?

— Il a été brûlé à l'acide quand il avait 14 ans. Zafar est comme toi, il a perdu la vue. Il est très déprimé. Veux-tu aller le voir ?

— Bien sûr ! Allons-y !

Bilquise me guide jusqu'à la chambre de Zafar. Nous toquons à sa porte. Il nous invite à entrer. Il a une voix étrange, une voix aiguë et rauque à la fois. Zafar est ravi d'avoir de la visite. Il se sent très seul. Il a passé des examens médicaux à l'hôpital et il avait gardé l'espoir que ses yeux puissent guérir. Il a appris aujourd'hui qu'il ne pourrait jamais recouvrer la vue. C'est un coup dur pour lui. Zafar me dit d'un ton lugubre :

— Ma vie est fichue. Je préfère encore mourir.

— Mais non, ne dis pas cela ! Tu peux très bien te débrouiller tout seul. Je vais te montrer.

Je lui propose de l'aider à apprendre la couture. Zafar accepte, sans trop y croire. Je guide ses mains pour lui faire toucher l'aiguille et le tissu et je lui montre les gestes. Je mets un point d'honneur à lui remonter le moral. Il faut que je partage avec d'autres l'expérience que j'ai eue chez Saima. Je veux convaincre Zafar qu'il peut être autonome. J'en fais un défi personnel. Au fil des jours, nous devenons amis. Zafar me raconte sa vie passée.

Adolescent, il était très séduisant. Il avait beaucoup de succès et récoltait pas mal d'argent quand il chantait dans les mariages. C'est au cours d'une de ces soirées de fête qu'un homme l'a remarqué et lui a fait des avances. Zafar a refusé à plusieurs reprises. Mais l'homme a continué à le harceler. Un jour, il l'a attendu au coin de la rue avec une bouteille d'acide, et lui a versé le liquide sur le visage.

La vie facile de Zafar s'est arrêtée net. Il était devenu un monstre, un être qui inspire le dégoût. Il ne pouvait plus survivre seul, il a dû retourner chez son père, un vieil homme miséreux. Son père l'emmenait tous les matins dans la rue et le laissait, accroupi sur un trottoir, pour mendier. Les passants avaient pitié de son visage effrayant, et des deux globes blancs qui roulaient dans ses orbites. Zafar ramenait ainsi de l'argent à la famille.

Un jour, assis sur son trottoir, Zafar a été repéré par Murid Abbas, qui lui a proposé d'aller à Islamabad pour recevoir des soins. Il a accepté immédiatement. Comme moi, il était complètement défiguré, il n'arrivait plus à manger car son menton était collé à son cou et des filets de salive coulaient de sa bouche en permanence. Manger comme un être humain était son obsession. Maintenant, son menton est reconstruit grâce à la chirurgie. Mais ses yeux sont éteints pour toujours.

Grâce à mes encouragements, Zafar émerge peu à peu de sa dépression. Il a décidé de vivre dignement, il ne veut plus mendier dans les rues de Lahore et il s'est mis en tête de devenir danseur. Il nous amuse beaucoup, il fait des blagues tout le temps à la clinique.

Au bout d'un mois, ma mère vient me chercher à Islamabad. Je dois rentrer au village avec elle pour voir ma famille. Mais, avant mon départ, un nouveau rebondissement a lieu : Salim m'appelle pour m'annoncer que les parents de Javed sont venus le voir. Ils lui proposent un compromis. Ils sont prêts à me donner 200 000 roupies (environ 2 000 euros) si je retire ma plainte. Mon frère tente de me convaincre d'accepter.

— C'est une grosse somme, Naziran !

— Je ne sais pas, je dois réfléchir. Nous en parlerons quand je serai au village…

Je suis troublée. Je me doute bien que mon frère va vouloir récupérer cet argent pour lui. Je retourne ce problème dans ma tête toute la nuit. Je ne sais pas quelle décision prendre, parce qu'au fond de moi je voudrais que le vrai coupable croupisse en prison. Mais dès que je pense à l'avenir, cela m'angoisse plus que tout. Je suis devenue un fardeau pour ma famille, je ne pourrai plus travailler, qui va me nourrir ? Et que vont devenir mes filles ? Mon frère nous acceptera-t-il sous son toit ?

Au petit matin, je prends le bus avec Gongui Ma. Pendant tout le trajet, je garde mon voile rabattu sur ma figure. À la station de bus, Salim nous attend pour nous accompagner chez lui. Il m'apprend que ma sœur Farah est là aussi et qu'elle m'attend avec impatience.

Quand elle me voit, Farah est bouleversée. Je la rassure.

— Je me débrouille très bien toute seule, Farah. Peut-être que mon visage est détruit, mais je ne me laisse pas abattre.

Ma belle-mère Kirane est aussi venue avec ma petite Hina. Cette fois-ci, Hina est moins effrayée par mon apparence. Elle accepte timidement de venir sur mes genoux. Mais il manque encore quelqu'un, je suis très déçue. J'interroge Kirane :

— Pourquoi tu n'as pas amené Fizza aussi ?

— Fizza a peur de toi.

Je réplique, furieuse :

— Ce n'est pas vrai. C'est votre faute, c'est vous qui lui dites que je suis une sorcière !

Kirane soupire. Elle appelle Fawad et lui demande d'amener Fizza. Il répond qu'il n'a pas le temps de venir.

J'insiste :

— Je ne suis là que pour dix jours, je veux que Fizza vienne aussi !

Le mari de Farah prend le téléphone et sermonne Fawad.

— Tu devrais avoir honte. Naziran est très triste, elle a besoin de sa fille. Même si tu ne veux pas la voir, amène au moins Fizza.

Fawad promet de venir dans la soirée. Je me sens rassérénée. Je demande à Farah :

— Veux-tu que je te cuisine un bon petit plat ?

Elle ne comprend pas.

— Qu'est-ce que tu racontes, Naziran ?

— Tu vas voir. Montre-moi où sont les ustensiles.

Elle guide mes mains pour que je localise les casseroles, le foyer, les légumes. Je coupe les oignons, les pommes de terre, je prépare les petits pois. Je demande à ma sœur d'allumer le feu. Farah est stupéfaite.

— Comment peux-tu mesurer les quantités d'ingrédients ?

— Tu vois, je me débrouille.

Je souris intérieurement. Les voisins sont là aussi. Ils nous observent. Après les légumes, je cuis des galettes dans le four à pain. Tout le monde est étonné de voir que je m'en sors plutôt bien. Nous mangeons ensemble le repas que j'ai préparé.

Fawad arrive dans la soirée avec Fizza. Mais ma petite fille refuse de m'embrasser. Elle est encore apeurée. Je dois l'apprivoiser doucement pour qu'elle accepte de m'approcher. Je lui fredonne des berceuses que je lui chantais quand elle était bébé. Elle m'écoute avec attention. Elle finit par me donner la main. Elle a bien vu qu'Hina était sur mes genoux, alors elle finit aussi par se serrer contre moi.

Nous dînons avec les restes du déjeuner. Fawad demande qui a préparé ce plat. Je réponds que c'est moi. Il fait semblant d'être content pour moi, mais je sens qu'il est déçu.

Le lendemain matin, il repart chez lui avec Fizza et Hina. Je suis à nouveau séparée de mes filles ; chaque fois cela me brise le cœur. Mais il va falloir du temps pour qu'elles se réhabituent à moi.

Après le départ de Fawad, je décide de discuter avec mon frère, en tête à tête. Je me lance :

— Alors, que penses-tu de l'offre de la famille de Javed ?

— C'est une bonne idée, Naziran, nous avons besoin d'argent. Tu es d'accord, j'espère ?

— Non, j'ai bien réfléchi. Je ne suis pas d'accord. Si j'accepte ce compromis, l'affaire s'arrêtera là. Je veux que les vrais coupables soient punis.

La femme de Salim, Sakina, est folle de rage :

— Qu'est-ce que tu racontes ? Pourquoi tu n'acceptes pas, Naziran ? Nous avons besoin de cet argent, tu le sais bien !

Je sais parfaitement ce qu'elle pense, je la connais par cœur. Sakina a peur que je revienne vivre chez Salim une fois sortie de la clinique. Une belle-sœur aveugle et défigurée... Je serai une charge pour elle. D'autant qu'ils survivent tant bien que mal avec la maigre paie de mon frère.

Sakina est aussi extrêmement jalouse car Salim a passé plusieurs semaines à Islamabad auprès de moi quand j'étais à l'hôpital. Elle s'est sentie délaissée, elle lui répétait qu'il n'y en avait que pour Naziran, et qu'elle, sa femme, ne comptait pas pour lui. Salim en a assez de ses plaintes continuelles.

— Sakina, je te préviens, je vais épouser une deuxième femme si tu continues !

Je sais qu'il plaisante mais cela met Sakina hors d'elle. Elle s'en prend de nouveau à moi.

— Naziran, c'est stupide, appelle tout de suite la famille de Javed pour dire que tu acceptes l'argent !

— Non, Sakina, je ne veux pas de cet argent.

— Parce que madame n'a pas besoin d'argent, elle ? Et nous allons survivre comment ? Salim, dis quelque chose enfin !

Mon frère garde le silence. Sakina fond en larmes et part dans sa chambre. Il sait que Sakina est lunatique, elle peut se mettre dans des états de rage épouvantable. Il attend que la tempête passe. Pourtant, cette nuit-là va se terminer de façon dramatique.

Nous sommes tous profondément endormis quand un hurlement déchire le silence. C'est Sakina. Elle sort en chancelant de la salle de bains et s'effondre par terre, une bouteille de pesticide vide à la main. Mon frère l'emmène immédiatement à l'hôpital du coin. Mais les médecins n'ont pas les moyens de la traiter sur place. Le poison s'est répandu dans tout son corps. Salim la conduit alors aux urgences de l'hôpital de Multan et il reste toute la nuit là-bas avec elle. J'apprends au petit matin que les médecins l'ont réanimée, ils pensent qu'elle a une chance de survivre.

Après ce drame qui m'a profondément perturbée, je décide de rentrer à Islamabad. Comme toute la famille est au chevet de Sakina, je n'ai personne pour m'accompagner. C'est Jannat, ma petite-nièce de 7 ans, la fille de Farah, qui prend finalement le bus avec moi.

Cette histoire terrible m'a démoralisée. Le docteur Khadija me pousse alors à reprendre mes activités pour me changer les idées. Elle veut que je lave mes vêtements toute seule. Je ne l'ai encore jamais fait car mon épaule me faisait souffrir. Je m'installe devant une bassine avec de la lessive et une vieille tunique. Je la plonge dans l'eau et je la frotte. Au fur et à mesure, la douleur dans mon épaule se dissipe. Puis je décide de coudre un haut pour Hina. Je m'active tant que je peux pendant les semaines qui suivent mon retour à l'ONG. Je lave mes vêtements, je repasse, je nettoie par terre.

Maintenant, je parviens à reconnaitre les gens de la clinique aux bruits de leurs pas. Ce matin, c'est Bilquise qui arrive dans ma chambre.

— Naziran, il y a un appel pour toi, c'est ton frère.

Je sens au ton de sa voix que quelque chose de grave est arrivé. Salim est assommé de chagrin. Les médecins n'ont pas réussi à sauver Sakina, elle est morte cette nuit. Mon frère se retrouve seul avec ses deux fils de 3 ans et de 1 an. Il s'en prend à moi :

— Naziran, ma femme est morte à cause de toi. Tu aurais dû accepter l'argent de Javed !

Il raccroche. Ses paroles me bouleversent. Peut-être a-t-il raison. Peut-être est-ce de ma faute si Sakina est morte. Je déprime, je sombre à nouveau. Je m'enferme dans ma chambre. Je ne sors plus de mon lit. Je ressasse cette histoire jour et nuit. Puis je me dis que je dois raconter la vérité à quelqu'un. Je ne peux plus garder tout cela pour moi.

Quand la psychologue frappe à ma porte, je sens que le moment est venu. J'ai confiance en elle. Je lui déballe toute l'histoire. Fawad, Shirin, les menaces... Javed qu'on m'a poussé à accuser... J'explique à Khadija :

— J'ai aussi appris que depuis que Javed est en prison, Fawad s'est approprié sa maison et ses champs. Il est débarrassé de lui et lui a volé ses biens. Ensuite il aurait aussi pu marier mes filles à ses fils pour mettre la main sur nos propriétés.

Khadija me conseille d'aller raconter tout cela à mon avocate, Mme Sana, qui travaille dans le bureau de l'ONG au rez-de-chaussée. Khadija m'aide à descendre les escaliers et elle prévient Sana. L'avocate m'écoute attentivement. Elle n'a pas l'air surprise. Elle me répond qu'elle se demandait depuis le début si mon mari était clair. Elle me propose de porter plainte contre Fawad et Shirin. Sana est déterminée à se battre pour moi mais elle m'explique que ce ne sera pas facile :

— Il faut tu sois prête, Naziran. Nous allons rencontrer beaucoup de difficultés. Tu dois comprendre qu'il va falloir aller jusqu'au bout.

J'hésite encore pendant des semaines. Quel serait mon avenir seule, aveugle, défigurée, sans argent et sans mari ? Mon frère me rejette depuis la mort de sa femme. Je n'ai nulle part où aller. Et si jamais l'action en justice ne marchait pas ? Si Fawad parvenait à s'en sortir ? Est-ce que je ne devrais pas lui pardonner ? Il m'a encore promis de divorcer de Shirin et d'acheter une maison. Je suis en plein dilemme, je change d'avis toutes les cinq minutes. Je n'arrive pas à me décider, j'ai peur des conséquences. Mais un soir, après un appel de Fawad particulièrement odieux, tout devient clair dans ma tête. Il me manipule. Il se sert de moi. Je ne vais pas me laisser faire. Je reprends confiance en moi. Le lendemain, je déclare à Khadija :

— Je veux être comme Saima, je veux être un modèle pour d'autres femmes. Je vais me battre. Je suis prête.

Khadija est étonnée par ma détermination. Je veux porter plainte, c'est décidé. Mais il va falloir d'abord mettre mes filles en sécurité. Ma belle-famille ne me les enverra jamais toutes les deux en même temps à l'ONG. Fawad sait qu'il peut faire pression sur moi tant qu'il retient mes enfants en otage. Bilquise et Sana me promettent qu'elles vont mettre au point un plan pour les récupérer. La première étape, c'est de faire venir Hina.

C'est bientôt la période de ramadan. J'appelle Kirane et je la supplie de m'envoyer Hina pour quelques semaines pendant ce mois sacré. Je pleure au téléphone. Je lui dis que j'ai besoin de ma fille car on va encore m'opérer et je déprime. Kirane accepte et envoie ma fille à Islamabad en bus avec Rubab, la fille de Rubina, qui a 12 ans.

Rubab reste à la clinique pendant quinze jours. C'est un vrai poison. Elle répète sans arrêt à Hina :

— Ta mère est une sorcière ! Ta mère est une sorcière !

Je me rends compte aussi que Rubab espionne tout ce que je fais et ce que je dis. Elle le rapporte à sa mère qui l'appelle chaque jour. Les infirmières en ont assez de sa présence. Elles voient bien qu'Hina est perturbée par sa cousine. Elles demandent finalement à Rubina de venir récupérer sa fille en prétextant qu'il n'y a pas assez de place à la clinique. Dès que Rubab est partie, Hina se détend enfin. Elle est plus à l'aise avec moi. Elle dort dans mon lit, me fait des câlins.

Après le ramadan, Bilquise, l'infirmière, échafaude un plan pour faire venir Fizza à Islamabad. Elle connaît le point faible de Fawad : sa cupidité. Elle propose donc de raconter à Fawad que le gouvernement distribue de l'argent à des mères de famille dans le besoin. Mais, pour cela, il faut présenter un dossier et prendre les enfants en photo avec leur mère. Bilquise appelle Fawad et lui explique :

— Il faut que vous veniez avec Fizza à Islamabad. Prenez aussi deux photos de vous, le certificat de décès d'Adil et les cartes d'identité des deux filles de Naziran. Vous allez toucher 10 000 roupies (100 euros environ) du gouvernement.

Bilquise a mis le haut-parleur. J'entends que Fawad est très enthousiaste. L'infirmière me passe le téléphone. J'ajoute, pour rassurer mon mari :

— Apporte seulement deux tenues pour la petite, elle ne va pas rester longtemps.

Fawad est là dès le lendemain avec Fizza. Bilquise lui fait signer le prétendu dossier avec ses empreintes digitales. Elle prétexte ensuite un retard du photographe qui ne pourra pas venir le jour même.

— Ce n'est pas grave Fawad, laissez donc Fizza ici, le photographe viendra prendre la photo et nous vous renverrons la petite la semaine prochaine en bus.

Fawad tombe dans le piège sans se douter de quoi que ce soit. Il accepte de rentrer seul. Avant de partir, il me lance :

— Naziran, je suis ton mari, tu devras donc m'envoyer l'argent dès que tu le reçois !

Je promets, bien sûr, j'essaie de ne rien laisser paraître. Dès qu'il est parti, je serre la main de Bilquise de toutes mes forces.

— Ça y est ! J'ai mes deux filles... Ils ne peuvent plus rien leur faire !

Bilquise me félicite pour mon aplomb.

— Tu as été une très bonne actrice, Naziran.

Nous rions toutes les deux. Je suis tellement soulagée d'avoir mes deux filles auprès de moi, en sécurité ! Je passe des heures à les écouter chantonner et jouer ensemble. Elles sont ma lumière à moi, la mère aveugle. Pourtant, je sais que la partie n'est pas encore gagnée. Fawad va tout faire pour les récupérer quand il se rendra compte qu'il a été berné.

Les jours suivants, Fawad appelle Bilquise à plusieurs reprises pour savoir quand Fizza va revenir. Moi, je ne réponds plus à mon portable. Une fois seulement, je décroche. J'entends la voix inquiète de Fawad :

— Que se passe-t-il, Naziran ? Tu as l'air bizarre... Tu ne veux plus me parler ?

— C'est mon portable. Il était cassé...

— Alors nous allons gagner l'argent du programme ?

— Certainement !

— Tu viens quand avec Fizza ?

— Bientôt, bientôt… Mais j'ai été opérée, je dois me reposer encore un peu. Je ne peux pas voyager avant dix jours.

Les semaines passent. Quand mon portable sonne, je demande à Naila quel nom s'affiche. Si elle m'annonce que c'est Fawad, je ne réponds pas. Un matin, Bilquise me prévient que j'ai une visite. C'est l'oncle Faiz, l'un des frères de Fawad, le mari de Mukhtara. Il me salue chaleureusement et me donne des nouvelles du village.

— Mukhtara a eu une nouvelle petite fille, tout va bien. Tu nous manques beaucoup, Naziran, les femmes me demandent quand est-ce que tu vas rentrer.

Je reste silencieuse, bien sûr, je n'ai aucune intention de retourner là-bas. Faiz me dit ensuite qu'il va embrasser mes filles. Je les entends qui jouent près de la télévision. Faiz s'exclame :

— Les filles veulent manger une glace ! Je vais les emmener faire un tour !

— Non, Faiz, je préfère qu'elles restent ici.

Je suis aux aguets. J'écoute le babillage des petites. Les filles semblent heureuses de voir leur oncle. Hina raconte à Faiz qu'elle va à l'école. Tout semble normal. Je retourne dans ma chambre en tâtonnant pour récupérer mon ouvrage de couture. Soudain, j'entends le bruit de pas des filles dans l'escalier, et celui plus lourd de Faiz. Je me précipite hors de la chambre, je trébuche. J'appelle au secours, je panique. M. Khan, l'un des collaborateurs de l'ONG, sort précipitamment de son bureau :

— Que se passe-t-il, Naziran ?

— Mon beau-frère est en train de partir avec mes filles ! Arrêtez-le, je vous en supplie !

Faiz était déjà dans la rue. M. Khan le rattrape *in extremis*. Il l'interpelle sèchement :

— Vous n'avez pas le droit de sortir avec les enfants, c'est interdit !

Mon beau-frère se défend :

— Je voulais juste les emmener manger une glace !

Faiz repart, dépité. Il tente de revenir le lendemain matin, mais le garde a reçu l'ordre de ne pas le laisser rentrer.

Le soir même, mon frère Salim me raconte qu'il a reçu un coup de fil de Fawad.

— Il voulait savoir ce que deviennent les filles.

— Surtout ne lui dis rien !

— Je lui ai répondu que ton portable ne marchait pas.

Je me décide à lui dire la vérité :

— Mon cher frère, il faut que je t'avoue quelque chose. Ce n'est pas Javed qui m'a jeté de l'acide. Je pense que ce sont Fawad et Shirin...

Mon frère ne semble pas vraiment étonné :

— C'est pour cela que tu as refusé l'argent de Javed ?

— Oui. Je voudrais que Fawad aille en prison. Mais n'en dis rien à personne pour le moment. Je ne veux pas qu'il se doute de quoi que ce soit.

Mon frère promet. Si jamais il en parle à mes sœurs, je sais que la nouvelle va se répandre comme une traînée de poudre dans tout le village.

Il grommelle avant de raccrocher :

— N'empêche que tu aurais pu accepter l'argent de Javed, personne n'aurait jamais su la vérité et nous serions riches.

Je couche mes fillettes dans le lit juste à côté du mien. Je passe une nuit terrible, je fais des cauchemars. Je me réveille en sursaut, persuadée que quelqu'un marche dans la pièce, qu'on vient me voler mes enfants. Je ne me sens pas en sécurité. J'ai peur en permanence pour les deux petites. Le matin, quand Hina se prépare pour l'école, j'explique à Bilquise que je ne veux pas que ma fille s'éloigne. L'infirmière me rassure :

— La maîtresse a pour ordre de ne jamais laisser ta fille partir avec quelqu'un d'autre que le garde, moi ou l'autre infirmière. Nous lui avons expliqué la situation.

Ma petite Hina fréquente l'école du quartier depuis quinze jours. Je suis fière que ma fille apprenne à lire et à écrire. Mais elle trouve cela difficile de rester assise sur une chaise toute la matinée, elle a l'habitude de courir dans les champs et de batifoler. Je veux qu'elle s'applique et je lui montre que j'apprends aussi à lire, avec un carton poinçonné, pour déchiffrer le braille.

Quelques jours plus tard, un policier vient m'interroger à la clinique, à Islamabad. Bilquise m'aide à descendre dans le hall et je m'assois sur une chaise. Plusieurs personnes de l'ONG assistent à l'entretien avec moi, je vais enfin pouvoir raconter la vérité. Mais le policier est très désagréable. Il me lance d'une voix mauvaise :

— Bien. Nous avons mené une enquête dans votre village. Il paraît que vous aviez un amant dénommé Javed, c'est ça ? Vous vouliez vous enfuir avec lui ?

— Non ! Comment pouvez-vous dire cela ? C'est faux !

— Pourtant il y avait des friandises sur votre lit, il paraît que c'est Javed qui vous les a apportés cette nuit-là parce qu'il voulait coucher avec vous ?

— Je ne sais pas qui a mis des bonbons sur mon lit. Ils n'y étaient pas quand je me suis couchée. Et je n'ai jamais eu d'aventure avec Javed.

Je me mets à pleurer. Quelle honte de m'accuser ainsi ! Il m'humilie devant tout le monde.

— Je connais très bien l'histoire de votre famille. Votre sœur aussi a des amants.

— C'est faux ! Nous sommes des femmes honnêtes !

— Il paraît que votre premier mari, Adil, vous battait souvent, comment cela se fait-il ?

— C'est parce que je n'avais pas de dot, je suis arrivée les mains vides le jour de mon mariage.

— Vous dites la vérité ?

— Oui, je vous assure.

— Je crois que vous mentez. Vous savez qu'on vous soupçonne d'avoir empoisonné votre premier mari...

— Mais c'était mon mari, voyons ! Pourquoi j'aurais fait une chose pareille ?

Bilquise se rend compte que je me sens mal. Elle demande au policier pourquoi il pose toutes ces questions. Il explique qu'il veut me tester et vérifier mes dires. Il poursuit :

— Vous savez, Naziran, Shirin m'a tout raconté. Si vous mentez, vous serez punie.

— Vous avez interrogé Shirin ?

— Bien sûr ! J'ai dû interroger tout le monde.

Le policier me raconte que Shirin a eu peur lorsque les policiers sont revenus chez elle. Elle a fini par avouer qu'elle n'avait jamais vu Javed cette nuit-là. Elle a avoué aussi qu'elle avait bien projeté avec Fawad de me jeter de l'acide. Mais elle n'avait pas voulu passer à l'acte, par pitié pour mes deux petites filles qui seraient devenues orphelines. Elle jure que c'est Fawad qui m'a agressée.

Le policier ajoute :

— J'ai aussi découvert que Fawad avait acheté une bouteille d'acide au bazar la veille de l'attaque. Et comme par hasard, c'est aussi lui qui a jeté de l'eau pour effacer les traces de pas qu'il y avait dans la cour près de là où vous dormiez.

Il poursuit :

— Vous soutenez toujours que Javed est le coupable ?

Je sais que mes filles sont en sécurité près de moi et j'ose enfin dire la vérité :

— Non, ce n'est pas Javed. On a fait pression sur moi.

— Vous n'avez jamais eu d'aventure avec Javed ? C'est ce que votre mari a prétendu pourtant…

— Non, jamais. Il a dit cela pour faire croire à un crime d'honneur. Mais Javed ne m'a jamais fait d'avances…

L'entretien est fini. Je suis en larmes. Bilquise m'aide à remonter dans ma chambre. Je suis morte de honte. Tout le monde a entendu le policier m'accuser d'avoir des amants. Que va penser de moi le personnel de l'ONG ? Peut-être vont-ils me renvoyer dans mon village ? Je demande à Bilquise :

— Bilquise, tu n'as pas cru le policier ? Je ne suis pas une femme comme ça !

Elle me rassure, tout en me massant les épaules :

— Mais non, bien sûr que non, Naziran. Pour mener son enquête, il est obligé de te déstabiliser en te posant des questions stupides. Tout le monde ici sait que tu es une fille bien. Personne n'a cru à ses histoires. Ne t'inquiète surtout pas, nous savons bien que ce n'est pas vrai.

Je retrouve enfin le sourire. Je confie à Bilquise que je désire aller le plus vite possible à la cour de justice. Je veux que Fawad soit puni. Me sentir enfin en sécurité. Sana, mon avocate, souhaite patienter jusqu'au moment propice. Elle m'explique que la Cour suprême va bientôt rendre sa décision sur le cas de Naila. Si cela se passe bien, nous irons directement nous adresser à la plus haute juridiction du pays.

En attendant, je retourne au centre des aveugles et je continue de progresser tous les jours. Il le faut, je dois désormais apprendre à m'occuper de mes filles toute seule. Comme nous avons été séparées pendant de longs mois, ce n'est pas évident. Khadija m'aide à m'imposer, je dois retrouver de l'autorité sur elles car elles profitent aussi de la situation. Un jour, j'ai grondé Hina qui avait fait une bêtise. Elle m'a répliqué : « Si c'est comme ça, je préfère retourner au village ! » J'étais désemparée. Mais elles sont tout de même gentilles. Elles m'aident, dans la vie quotidienne, à trouver des affaires que j'ai égarées, elles m'apportent mon téléphone portable… Nous regardons des films et des séries à la télévision. Hina me raconte ce qu'on voit à l'écran. Ma préférée c'est *La Procession des princes*.

Un matin, je vais fouiller à tâtons dans mon armoire, je cherche les lunettes de soleil. Pourvu que personne n'ait touché à mes affaires sinon je n'arrive plus à me repérer. Mes filles trouvent que ces grosses lunettes me vont très bien, car elles cachent mon « horrible œil », comme elles disent. Mon visage n'est plus qu'un souvenir sur une photo jaunie que je sens sous mes doigts dans mon placard. Elle est là, rangée tout au fond. Souvenirs des jours heureux... Je me rappelle de cet après-midi-là avec Adil. Je pose un peu inquiète, il faut que j'aie l'air sérieuse, à côté de mon mari, si fier, si beau. Il tient Hina dans ses bras. Je suis une jolie femme, j'ai des yeux en amande, de longs cils, des cheveux un peu bouclés. Je suis toute jeune sur cette photo. Je la garde précieusement dans mon placard. Voilà ce qu'on m'a volé, ma jeunesse, ma beauté, ma dignité, ma vie.

J'attrape ensuite mon petit tapis dans l'armoire. C'est l'heure de la prière. Je demande à Gul de m'installer en direction de La Mecque. J'essaie de me concentrer. Fizza se met à pleurnicher : « Hina m'a pris les crayons ! » Je l'ignore, le temps de finir les prières. Les deux filles se disputent tout le temps à cause des jouets. Comme Fizza a été maltraitée chez Mukhtara, elle est turbulente et réclame tout le temps de l'attention. Hina déclare que quand elle sera grande elle travaillera pour gagner de l'argent, pour moi.

J'ai fini de prier mais Fizza continue de pleurnicher. Je la prends dans mes bras et je l'allonge sur mes genoux comme quand elle était bébé et que je lui donnais le sein. Je rabats mon voile sur elle. Je sens son petit corps qui s'apaise pendant que je la berce. Mes filles sont tout ce qu'il me reste, elles sont ma force. Ma raison de vivre et de me battre.

Nous déjeunons ensuite sur une natte par terre dans la salle commune, avec Gul et Naila. Naila a une grande nouvelle à nous annoncer. Elle revient de la Cour suprême. Elle a gagné son procès : son professeur, complice de son agression, a finalement été condamné à douze ans de prison et 1 million de roupies de dommages et intérêts. C'est une décision historique dans notre pays. Les juges n'ont jamais été aussi sévères. Cela veut dire que les attaques à l'acide sont désormais reconnues comme des crimes graves. Nous nous réjouissons pour Naila. Mais Gul se désole, elle murmure :

— Moi, mon agresseur appartient à une famille très puissante. Je pense que je n'aurai jamais gain de cause. Je suis orpheline, et ma mère est pauvre.

Épilogue

Je ne suis pas inquiète ce matin car Sana, mon avocate, est avec moi. Elle me tient la main, elle me dit que cela va bien se passer. C'est un grand jour. J'ai enfilé un niqab qui me recouvre la figure et chaussé mes lunettes de soleil. Je n'oserais jamais sortir sans cette carapace qui me protège du regard des autres. Et du soleil. Car ma peau ne supporte pas les rayons.

— Naziran, on y va.

Sana m'explique à nouveau ce qui va se passer :

— Nous allons faire une demande à Iftikhar Chaudhry, le président de la Cour suprême, pour qu'il ordonne une nouvelle enquête. Cela permet d'aller plus vite et de mobiliser des policiers qui fassent correctement leur boulot. Peut-être M. Chaudhry va-t-il rendre le jugement lui-même !

— Nous allons le rencontrer ?

— Non, pas aujourd'hui ; en tout cas, nous allons soumettre une application à la cellule des droits de l'homme de la Cour suprême.

— Mais est-ce qu'il y a assez de preuves ?

Ce qui m'inquiète, c'est que je n'ai pas vu de mes propres yeux Fawad me jeter de l'acide cette nuit-là.

Peut-être que les juges ne me croiront pas, qu'ils vont trouver mon accusation trop faible.

Mais Sana est très confiante :

— Bien sûr qu'il y a des preuves. Fawad a acheté une bouteille d'acide la veille ! Tu crois que c'est une coïncidence ? Quand la police est allée faire son enquête, tout le village a dit que c'était lui, même Shirin. Qui a effacé les traces de pas, et disposé des confiseries sur ton lit ? Et puis son comportement avec toi est une preuve, surtout ses menaces contre tes enfants. Les déclarations de la victime sont les plus importantes.

Sana m'explique aussi que, depuis cette année, les attaques à l'acide sont punies plus sévèrement qu'avant. Elles peuvent même être jugées par les cours antiterroristes qui ont des procédures plus rapides et peuvent donner des sentences d'emprisonnement à vie.

Nous sommes arrivées devant le bâtiment de la Cour suprême. Sana me tire par le bras. Je suis très émue. Je marche à petits pas, je tiens sa main. Nous entrons dans l'édifice. Je dois monter des marches, tourner à droite, à gauche jusqu'à une salle. Mon avocate discute avec les juges. Quand le procès s'ouvrira, je devrai répondre à des questions. Pour le moment, c'est elle qui s'en occupe.

Je suis soulagée, j'attendais ce moment avec impatience. Je me sens pleine de courage, je vais montrer à Fawad de quoi je suis capable. Il ne m'a pas détruite ! Je suis toujours debout, digne et sûre de mon droit. Sana revient me chercher, elle me dit que c'est fini pour aujourd'hui. Maintenant, il faut attendre une audience. Nous rentrons à la clinique.

Ce soir-là, Fawad m'appelle. Je reste glaciale :

— Pourquoi tu me contactes, Fawad ? Tu es mort pour moi, aussi mort que mon premier mari.

— Eh bien, je suis revenu de mon cimetière alors, mais je suis bien vivant. Je n'arrive pas à t'oublier, Naziran.

— Moi si, je veux t'oublier. Ne m'appelle plus jamais.

— Si tu ne veux pas revenir à la maison, envoie-nous au moins les filles, Kirane veut les voir, elles lui manquent beaucoup. Elle pleure toute la journée en réclamant ses petites-filles.

— C'est hors de question. Hina et Fizza sont mes filles, elles restent avec moi. Toi, tu as tes propres enfants avec Shirin. Tu m'avais fait plein de belles promesses, tu avais juré de divorcer de Shirin, de m'acheter une maison dans mon village, mais tu n'as pas tenu parole. En plus, j'ai appris que tu vis de nouveau avec Shirin.

Fawad reste sans voix devant mon aplomb. Il ne s'attendait pas à cela ! Mais je ne veux pas qu'il se doute de quelque chose. Alors j'ajoute :

— Je n'attends qu'une chose, c'est que Javed soit puni et qu'il reste en prison jusqu'à la fin de ses jours. N'envoie plus personne du village pour me voir, je ne les recevrai pas. Je sais très bien ce que vous allez faire de moi si je reviens là-bas, vous allez me mettre sur le bord d'une route pour mendier !

Je raccroche.

Pourtant, quelques jours plus tard, Bilquise me prévient que Fawad et Rubina sont devant la clinique. Je lui dis de ne surtout pas les laisser rentrer. De toute façon, je dois aller faire un examen à l'hôpital. Je sors de l'ONG avec Bilquise, j'ai laissé mes filles sous la surveillance de Naila. Dans la rue, j'entends Rubina qui crie :

— Naziran ! Je veux voir le visage de mes nièces !

Je réponds, sarcastique :

— Eh bien tu ne verras que leurs chaussures !

— Naziran, ce n'est pas ta maison ici, reviens chez nous au village.

— Si je suis ici, c'est à cause de toi et de ta famille. Maintenant, partez ! Sinon je demande au garde de vous faire déguerpir.

Rubina fait semblant de pleurer :

— Nous avons tout fait pour toi depuis qu'Adil est mort ! Voilà comment tu nous montres ta gratitude !

Je ne lui réponds même pas, je monte dans la voiture avec Bilquise et nous partons pour l'hôpital. Bilquise rigole :

— Tu as bien changé, Naziran ! C'est bien que tu te sois défendue. Ne te laisse plus berner par ces gens. Il faut que tu sois forte.

J'aurais dû mourir dans une chambre de l'hôpital de Multan, patiente anonyme et sans visage. J'ai survécu. J'ai eu droit à une deuxième vie. Mais dans un nouveau corps. Moi la jolie jeune femme, me voici désormais prisonnière d'une apparence repoussante qui effraie ceux qui m'abordent. C'est une torture quotidienne, au-delà de la souffrance. J'ai décidé d'en témoigner, de raconter mon histoire, pour qu'un jour l'acide soit éradiqué, que les femmes de mon pays soient protégées, que leurs agresseurs soient punis lourdement pour leur geste et croupissent en prison.

Table des matières

9581

Composition
NORD COMPO

Achevé d'imprimer en Slovaquie
par NOVOPRINT
le 2 avril 2019.

1er dépôt légal dans la collection : avril 2011
EAN 9782290031643
OTP L21EPLN000923A008

ÉDITIONS J'AI LU
87, quai Panhard-et-Levassor, 75013 Paris

Diffusion France et étranger : Flammarion